KB034618

세대 게임

세대 게임

'세대 프레임'을 넘어서

제1판 제1쇄 2018년 1월 5일
제1판 제6쇄 2020년 12월 7일

지은이 전상진
펴낸이 이광호
펴낸곳 ㈜문학과지성사
등록번호 제1993-000098호
주소 04034 서울 마포구 잔다리로7길 18(서교동 377-20)
전화 02) 338-7224
팩스 02) 323-4180(편집) / 02) 338-7221(영업)
전자우편 moonji@moonji.com
홈페이지 www.moonji.com

ISBN 978-89-320-3033-3 03330

이 도서의 국립중앙도서관 출판예정도서목록(CIP)은 서지정보유통지원시스템 홈페이지(http://seoji.nl.go.kr)와 국가자료공동목록시스템(http://www.nl.go.kr/kolisnet)에서 이용하실 수 있습니다.(CIP제어번호: CIP2017032860)

문학과지성사

세대 게임

'세대 프레임'을 넘어서

전상진 지음

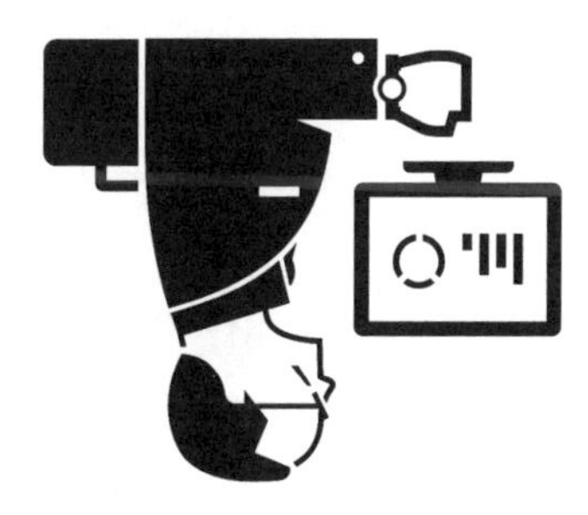

들어가며

Playing the [　　　　] Card

; [　　　　] 카드 게임하기

책의 제목 '세대 게임'은 내가 새롭게 뜻을 입힌 개념이다. 세대 게임은 '사람들이 세대에 주목하도록 판을 짜서 어떤 전략적 이익을 얻고자 하는 활동이나 움직임'을 말한다. 새롭게 뜻을 입히는 데 중요한 실마리를 제공한 것은 무엇보다 영어 사전들이다. 사전에서 참고한 항목은 '세대'가 아니라, '인종race'이다. 당연하게도 인종 자체가 내 관심사는 아니다. 하지만 그것의 '쓰임새'가 세대에도 거의 그대로 적용될 수 있다고 생각한다.

여기서 살펴볼 사전들은 영어권에서 일상용어로 정착한 '인종 카드the race card' 항목의 용례들을 세밀하게 살피고, 그것의 다양한 쓰임새들을 정리해서 보여준다. 먼저 『케임브리지 사전*Cambridge dictionary*』을 보자. 『케임브리지 사전』은 '인종 카드 놀이play the race card'를 이렇게 풀어낸다.

> 인종 또는 인종 이슈들에 주목하게 만듦으로써 어떤 이익을 취하려는 노력.●

『케임브리지 사전』의 해설로는 양이 차지 않는다. 이번엔 『콜린스 사전*Collins dictionary*』이다. 여기서는 인종 카드 놀이를 다음과 같이 설명한다.

> (비격식) 어떤 전략적 이점을 취하기 위해, 공적 토론에 인종이라는 주제를 도입하기.

『케임브리지 사전』이 "이익"이라 칭한 것을 『콜린스

● 이 글에서 인용들은 모두 각 사전의 홈페이지(dictionary.cambridge.org; www.collinsdictionary.com; www.merriam-webster.com)에서 찾을 수 있다.

사전』은 "전략적 이점"으로 표현한다. 그리고 『케임브리지 사전』이 "노력"이라고 말한 것을 『콜린스 사전』은 "공적 토론에 인종 주제를 도입"하는 것으로 명확히 한다. 여기서 취할 것은, 공적 토론 또는 공공 영역이 인종이라는 주제에 주목하도록 만드는 것이 인종 카드 놀이의 주요 '업무'라는 점이다. 만약 '세대 카드 게임'이라는 용어를 쓸 수 있다면, 그것의 주요 업무를 이렇게 말할 수 있다. 공적 토론 또는 공공 영역이 세대라는 주제에 주목하도록 만드는 것. 『콜린스 사전』은 또한 연관어로 '인종 카드 게임to play the race card'을 제시한다.

> 동정sympathy을 얻기 위해서, 또는 인종주의적 정서에 호소appealing하여 인기를 얻고자 인종을 토론의 이슈로 삼는 것.

『콜린스 사전』은 전략적 이점을 취하는 두 가지 방법이 구분된다고 설명한다. 하나는 특정 인종이 불이익이나 피해를 입는다는 점을 널리 알려 동정 여론을 불러일으키는 것, 다른 하나는 인종주의적 편견을 지닌 사람들의 지지를 얻는 것이다. 해당 항목의 예문은 이를 더 명확히 표현한다.

> 대통령은 두 가지 방식으로 인종 카드를 썼다. 선거운동에서 남부 백인들의 비위를 맞추기 위해, 그리고 사면 초가에 봉착한 흑인들을 위해.

인종 카드 게임의 가장 유명한 예는 미식축구 선수이자 배우였던 O. J. 심슨Simpson 사건이다. 1994년 심슨은 전 부인과 그의 남자친구를 살해한 혐의로 재판받았다. 결정적 증거들(범죄 현장에 남겨진 심슨의 DNA와 그의 차에서 발견된 피해자들의 혈액)이 있었음에도, 심슨은 형사재판에서 무죄판결을 받았다. 그 재판에서 심슨의 변호인들이 채용한 전략이 바로 인종 카드 또는 인종 카드 게임이다. 그들은 재판을 인종 차별 프레임으로 몰고 갔다. '인종 차별주의자' 백인 경찰이 '흑인'인 심슨을 잡아넣기 위해 살해 증거들을 조작했다!

심슨 변호인들의 전략은 오히려 예외에 속한다. 다른 방향, 곧 주류 인종인 유럽계 미국인이 소수 인종들을 겨

낭하는 인종 카드가 더 오래되고, 더 강력하며, 더 일반적이다. 예컨대 대선 후보 시절(대통령이 된 후에도 여전히) 도널드 트럼프는 '멕시코의 불법 이주민들이 미국을 파괴하고 있다'는 인종 카드를 통해 자신의 인지도를 높이고 지지세를 넓혔다. 일단 기억하자. 전략적 이점을 얻기 위해 인종 카드를 사용하는 방법은 두 가지다. 첫째, 차별받는 인종에 대한 우호(동정)적인 여론을 만드는 방법. 둘째, 차별이 당연하다고 생각하는 사람들의 지지를 끌어내는 방법.

나는 인종 카드를 활용하는 방법들을 실마리로 하여, 이 책에서 두 가지 주장을 할 것이다. 첫째, 활용하는 사람과 그에 이용당하는 사람을 구분해야 한다. 인종 카드를 활용하는 자들과 그에 놀아나는 사람들이 있는 것처럼, '세대 카드'를 활용하여 이익을 취하려는 자들과 그에 농락당하는 사람들이 있다. 세대 카드를 활용하는 자들을 나는 '플레이어'라 부를 것이다. 세대 카드 게임의 플레이어가 가장 애용하는 전략은, 마치 심슨의 변호인이 살인 혐의를 인종 차별의 결과로 보도록 판을 짰던 것처럼, 세대와 별 상관없는 사안을 세대들이 서로 다툰 결과로 보도록 프레임을 짠다. 둘째, 인종 카드 게임과 마찬가지로 세대 카드 게임의 플레이어는 전략적 이점을 얻기 위해 두 가지 방법을 쓴다. 물론 양 카드가 서로 다르기에, 인종 카드의 활용 방법들이 세대 카드에 그대로 쓰일 수는 없다.

어쨌든 세대 카드 게임에서 전략적 이점을 얻기 위해 쓸 수 있는 방법은 두 가지다. 첫째, 비난할 세대를 내세워 문제 사안에 대한 책임을 전가하는 방법. 둘째, 특정 세대를 지지자로 만드는 방법.

마지막으로 살필 사전은 『메리엄-웹스터 사전*Merriam-Webster dictionary*』이다. 이 사전이 특히 유용했던 이유는 세 가지다. ① 용어 활용의 역사적 경과를 추적하기 때문이다. ② 인종의 '자리'를 다른 카드들이 점유할 수 있음을 알려주기 때문이다. ③ 카드 게임의 주된 무대가 정치 영역임을 명확히 하기 때문이다.

[ ] 카드 게임하기playing the [ ] card. 인종 카드? 여성 카드woman card? 정치적 카드 게임의 역사.

앞의 사전들이 "이익" 또는 "전략적 이점"과 같이 다소 모호하게 표현했던 바를 『메리엄-웹스터 사전』은 표제어에서 이미 명확하게 밝힌다. 카드 게임은 "정치적" 이익을 위해 쓰인다. 말하자면, 카드 게임의 무대가 정치이고 그 판돈이 정치권력임을 명확히 한다(③). 『메리엄-웹스터 사전』은 또한 '인종 카드 게임'을 표제어로 삼지 않고, 인종의 '자리'를 비워둔다. 그리고 다음에 주목한다. 그 자리를 다른 카드, 예컨대 여성이나 젠더 카드가 채울 수 있다(②). 어떤 카드가 쓰이는지는 상황에 따라 변할 수 있다는 점도 알려준다. "정치적 카드 게임의 역사"를 살피는 까닭이 그에 있다(①). 카드 게임의 역사에 대한 사전의 부연 설명은 특정 카드가 언제 그리고 왜 쓰이게 되는지를 사뭇 거칠지만 간명하게 보여준다.

이 책의 목표는 두 가지다. 첫째, 『메리엄-웹스터 사전』이 내어준 그 '자리'를 '세대'로 채우기. 둘째, 현재 이 땅에서 횡행하는 세대 카드 게임의 면모를 드러내기. 이를 위해 먼저 용어의 불필요한 '지방'을 빼겠다. 이제부터 '세대 카드 게임'을 '세대 게임'이라 부르겠다.

차례

1장 의심하고 주저하기

가로등 불빛 아래서 열쇠를 찾고 있는 취객과 경관.

경관은 취객에게 묻는다. “정말 여기서 잃어버린 게 맞소?”

취객은 말한다. “여기가 아니라 저긴데, 저긴 가로등이 없어서 못 찾아요.”

‘선의’를 가지고 돕던 경관은 취객의 ‘지휘’ 아래 헛된 일만 한다.

혹시 우리도 ‘세대 프레임’의 강렬한 불빛에 현혹되어

엉뚱한 곳만 주시하고 있는 것은 아닐까.

'세대 게임'은 그에 참가한 사람들이 세대를 이뤄 서로 경쟁하고 다투는 활동과, 게임의 판을 짠 집단들이 어떤 이익을 취하기 위해 세대를 활용하여 사람들의 경쟁이나 싸움을 부추기는 움직임을 말한다. 그러니까 세대 게임은 두 가지 층위에서 이뤄진다. 가령 2층 건물의 게임장이 있다고 치자. 1층에서는 각종 게임 판이 벌어지고, 2층에는 게임 참가자들이 지불하는 수수료로 수익을 거두는 운영자가 있다. 나는 1층보다는 2층에 관심이 있으며, 특히 운영자의 수익 중에서 정치적 이익에 주목할 것이다.

세대 게임이란 용어는 세 가지 요소들의 조립품이다.

나는 세대 게임이라는 용어를 영국 정부의 국무조정실 전략 보고서 「세대 게임에서 승리하기」[1]에서 빌렸다. 보고서의 목적은 다른 세대와의 경쟁에서 점차 뒤처지는 장년층의 지지를 이끌어내기 위함이다. 여기서 나는 세대 게임의 첫번째 요소로서 특정 세대를 자신의 지지층으로 만들려는 전략을 추출했다. 두번째 요소는 비난 게임blame game이다. 비난 게임은 문제 해결에 힘쓰기보다 책임을 회피하고 전가하기 위해 남을 비난하는 세태를 지칭한다. 나는 '세대'가 책임을 회피하고 전가하는 대상이 되었다는 점에 착안하여 이 용어를 수용했다. 마지막 요소는 제로섬 게임이다. 제로섬 게임은 한쪽의 이익이 다른 쪽의 손해가 되는 상황을 말한다. 정치권력이나 정부 재원을 두고 경쟁하는 세대들을 승자와 패자 세대로 가르는 통념에 비추어, 나는 제로섬 게임이 세대 게임의 작동 원리라고 판단한다.

위의 정의를 염두에 두고, 나는 세대 게임을 그 목적에 따라 두 가지로 나눴다. 하나는 지지자의 환심을 사는 것, 다른 하나는 어떤 세대를 비난함으로써 책임을 회피하고 전가하는 것이다. 세대 게임은 자연스레 일어나지 않는다. 세대 게임을 “성실”●하게 고안하고 설계하여, 참여를 독려하는 플레이어의 공이 크다. 게임의 판을 짜는 플레이어의 관심이 게임에 참여하는 세대 당사자들의 그것과 언제나 같지는 않다. 세대 당사자들은 게임의 승패에, 그 게임을 관장하는 플레이어는 자신의 정치적 이익에 관심이 있다.

광장의 소란이 커지면서, 정치와 연결된 세대에 대한 이야기가 풍성해졌다. 그러한 갑작스런 관심이 반갑지만 우려스럽다. 반가운 이유는 그동안 홀대받던 중요한 연구 영역과 도구가 적절하게 대접받을 기회가 생겼기 때문이다. 나는 '개인들의 사회'가 변화하는 과정을 포착하는 데 세대만큼 유용한 도구가 흔치 않다고 생각한다. 더불어 세대가 관심을 받을 때 내 연구도 주목받으리란 음험한 기대도 있다. 우려스런 까닭은 세대처럼 효과적인 동원과 조작과 선동의 무기가 드물기 때문이다.

● '성실'하다는 표현은 두 곳에서 차용했다. 하나는 "박근혜 후보가 지난 대선에서 51.6퍼센트의 득표율로 당선된 데는 국정원과 군의 '성실한' 공무원들의 '개인적' 여론 조작 활동"이 역할을 했다는 천정환의 언급(권보드래·김성환·김원·천정환·황병주, 『1970 박정희 모더니즘—유신에서 선데이서울까지』, 천년의상상, 2015, p. 105), 다른 하나는 SBS 드라마 「귓속말」(박경수 작가, 이명우 연출)이다. 드라마에서 법무법인 태백의 대표 최일환(김갑수 분)은 이렇게 말한다. "악은 성실하다."

세대는 다채로운 매력을 뽐낸다. 나중에 자세히 살피기에 추려 말하면, 세대는 간편함과 가소성●이 그 큰 매력이지만, 무엇보다 정체성과 관련해서 탁월한 매력을 뽐낸다. 내가 혼자가 아니라 '우리 세대'의 일원임을 밝혀주고, 그러한 우리를 역사의 흐름 속에 당당히 자리매김할 수 있도록 돕는다. 다른 세대는 우리의 시간과는 다른 시간 속에 서식하며, 그들의 시간의 서식처는 '너무 이르거나 늦어서' 역사의 흐름을 방해한다. 말하자면, 세대는 차이를 만들거나 유사성을 찾는 데 유용한 정체성의 근거이자 도구다. 그 덕에 세대는 일상에 깊이 뿌리박은 최적의 정치언어 그리고 정치적 게임의 도구가 된다. 쉽고 빠르게 우리 편과 상대편을 갈라내어, 지지자를 만들거나 책임을 전가할 대상을 내세울 수 있다.

세대에 대한 최근의 관심에서는 진중한 고찰은 뒷전이고 그것의 정치적 활용만이 돋보인다. 커뮤니케이션 이론가인 파울 바츨라비크Paul Watzlawick가 남긴 우화가 있다. 한 경관이 밤에 순찰하다가 가로등 아래에서 뭔가를

● 가소성plasticity은 속성이 유지되면서도 모양이 잘 변하는 것을 뜻한다.

찾는 사람을 보았다. 경관은 그에게 다가가 무슨 일이냐고 물었다. 그 사람은 술기운이 느껴지는 목소리로 답했다. "열쇠 찾는 중입니다. 도와주세요." 경관은 취객과 함께 열쇠를 찾기 시작했다. 꽤 오랜 시간을 살폈지만 도무지 찾을 수 없었다. 경관이 물었다. "여기서 열쇠를 잃어버린 게 분명해요?" 취객이 답했다. "아니요. 여기가 아니라 저기에서 잃어버렸어요. 그런데 저기는 가로등이 없어서 너무 어두워요. 안 보이면 못 찾잖아요."

현재 유행하는 세대 프레임, 그러니까 '사회 현안을 세대의 문제로 해석하는 프레임'이 바로 이 가로등 역할을 한다. 취객은 열쇠가 가로등이 비추는 곳에 있지 않다는 것을 알면서도 불빛을 벗어나려 하지 않는다. 어차피 찾지 못할 테니까. '선의'를 가지고 도우려는 경관은 그러한 취객의 '지휘' 아래 헛된 일만 한다. 혹시 우리도 세대 프레임의 강렬한 불빛에 현혹되어 엉뚱한 곳만 주시하는 것이 아닐까.

세대 프레임의 가로등 불빛이 훤한 곳은 우선 광장이다. 박근혜 전 대통령 탄핵 언저리에 광장의 소란은 대단했다. 서로 으르렁대는 촛불과 맞불**로 가득한 광장을 보면서 사람들은 말했다. 촛불은 젊고 맞불은 노숙하다. 고로 촛불과 맞불의 대결은 세대들의 싸움이다. 현장에서 직접 보았던, 또는 화면에 비쳤던 광장은 그러한 평가를 확증하는 듯했다. 특히 맞불 집회가 그랬다. 노인들은 정말 사회 전체와 상대했다. 그러한 정치적인 세대 대립을 나는 '세대 투쟁' 또는 '정치적 세대 투쟁'이라 부를 것이다.

세대에 대한 관심은 정치에 그치지 않는다. 경제나 사회정책(이하 '정책')의 측면에서도 세대는 중요한 고려 사항이다. 특히 청년들이 민감하다. 온갖 경쟁들, 그러니까 학업, 취업, 짝짓기 경쟁들이 과거보다 더 가혹해졌지만, 경쟁에서 승리한들 그 승리의 유효 기간은 더 짧아졌다. 지금도 충분히 힘든데 앞으로는 더 힘들어진단다. 한국이 다른 국가들보다 더 빠르게 늙어가기 때문이다. 노인을 포

●● 탄핵을 반대하는 세력은 스스로를 "태극기"라 부르지만, 나는 그들을 두 가지 이유로 '맞불'이라 부를 것이다. 첫째, 한 국가의 상징을 특정 세력의 이름으로 쓰는 것이 부적절하기 때문이다. 둘째, 그들의 행동이 촛불에 맞대응한 것이기 때문이다. 제19대 대선 후보였던 홍준표는 2017년 4월 서울역 광장 유세에서 이렇게 말했다. "태극기 부대보다 촛불 좌파 부대가 먼저 시작하는 바람에 우리가 진 것이다." 촛불에 맞대응하는 운동의 이름으로 맞불보다 적합한 것은 없다.

함한 기성세대가 정치적 다수가 되면 문제는 더 심각해진다. 기대 여명이 얼마 남지 않은 그들이 미래를 생각할 리 없다. 곧 다가올 미래의 재앙을 무시하고 현재의 이익을 지키려는 기성세대와, 변화와 혁신을 요구하는 미래 세대 간의 정책 대결이 불가피하다. 경제적·정책적인 사안을 두고 청년과 기성세대가 대립하는 구도는 서구에서 '세대 전쟁'이라 불린다. 선례를 따라 나는 경제적·정책적인 세대 대립을 '세대 전쟁'이라 부를 것이다.

세대들의 정치적이며 정책적인 전선戰線이 선명하게 그어졌다. 광장에서 확인되는 맞불 어르신 대 젊은 촛불의 정치 투쟁과 기성세대 대 미래 세대의 정책 전쟁. 전선이 뚜렷할수록 사안들의 차이는 흐릿해진다. 세대가 지닌 다채로운 매력들 덕이다. '정치적 세대 투쟁'과 '정책적 세대 전쟁'이 덧놓이면서 싸움의 상이한 주체들도 합쳐진다. 맞불 어르신과 기성세대가 겹치고 젊은 촛불과 미래 세대는 포개어진다. 그렇게 전선이 겹치고 단단해질수록 상황은 더 심각해 보인다. 정말 세대들의 싸움이 시작된 것인가.

세대들의 싸움판에서 우리는 세 가지 역할을 취할 수 있다. 첫째, 싸움을 지휘하는 사령관(플레이어)의 역할이다. 안타깝게도 혹은 다행스럽게도 그러한 역할은 극히 소수에게만 허용된다. 둘째, 다수에게 허락된 역할은 사령관이 짜놓은 세대들의 전쟁터에서 '활약'하는 대체 가능한 병졸이다. 전쟁이 불가피하고 옳다고 믿으면서 그들의 진격 명령을 따른다. 셋째, 의심하고 주저하는 역할이다. 명령에 따르기를 주저하고, 이것이 혹시 무의미한 싸움이 아닌지 의심한다. 병졸에 비해 의심하고 주저하는 역할은 피곤하다. 의심하는 탓에 불안하고, 주저하는 덕에 남보다 늦어진다. 그러나 섣부른 참전은 자신뿐만 아니라 모두에게 해가 될 수 있다.

에리히 마리아 레마르크의 『서부 전선 이상 없다』는 무의미한 전쟁에 내몰려 파멸한 청년 세대에 대한 보고서다. 18세 소년들은 교사들과 아버지들의 선동에 이끌리고 떠밀려 학도지원병으로 참전한다. 특히 교사 칸토레크는 전쟁의 참상이 널리 알려진 상황에서도 학생들의 자원입대를 강력히 종용했던 인물이다. 얼마 지나지 않아 학도지원병들은 향토방위병으로 차출된 칸토레크와 조우하게 된다. 그의 선동으로 참전하여 "이미 노인"이 되어버린 제자들에게 칸토레크는 비굴한 모습을 보인다.[2] 소설의 화자

파울 보이머는 그를 경멸하면서도, 그에게 모든 불행의 책임을 물을 수 없다고 생각한다. 수많은 칸토레크들이 청년들을 더 나은 세상으로 이끌어주기는커녕 "자신에게 편리한 방식으로 나름대로 최선을 다"한다는 확신에 사로잡혀 우리가 사는 세상을 파멸에 이르게 했다고 담담하게 보고한다. 파울 보이머처럼 대체 가능한 병졸로 무의미한 전쟁에 참가하기 전에, 참전을 종용하고 설득하는 자들이 혹시 칸토레크가 아닌지 정당하게 의심하고, 칸토레크들의 명령에 따를 것인지 현명하게 주저해야 한다. 주저하고 의심하는 역할을 제대로 수행하기 위해서는 최소한 두 가지 안목이 필요하다.

첫째, '정치적 세대 투쟁'과 '정책적 세대 전쟁'이 서로 다른 세대 용어를 쓴다는 것을 알아채야 한다. 전자는 '정체성'과 관련한, 후자는 '나이'와 연관된 세대 용어를 활용한다. 정치적 세대 투쟁에서 세대는 자기의식(세대 정체성)을 가진 주체의 성격이 강하고, 정책적 세대 전쟁에서 세대는 특별한 자기의식 없이 나이를 축으로 분류된 것이기에 주체의 성격이 약하거나 없다. 정치적 세대 투쟁과 정책적 세대 전쟁을 주장하는 사람들은 '어차피 세대 아닌가'라는 식으로 차이를 애써 무시함으로써 주장의 파급력을 높이려 애쓴다.

둘째, 칸토레크들의 의도와 활동을 간파할 수 있는 안목이 필요하다. 현재의 칸토레크, 그러니까 세대 게임을 고안하고 설계하며 세대 당사자의 참여를 독려하는 플레이어는 '정치적 기업가political entrepreneur'와 '스핀닥터spin doctor'로 나뉜다. 정치적 기업가는 정치를 통해 사회의 문제를 해결하는 데 뜻을 두기보다 자신의 이익만을 위해 정치 행위를 하는 사람들이며, 스핀닥터는 정치적 기업가를 위해 여론을 창출하고 조작하는 전문가다. 그러한 세대 게임의 플레이어들은 실제로 존재하지 않는 이해의 대립을 '창조'하는 방식으로 대중들을 현혹하여 지지자를 획득하거나, 비난할 대상을 내세워 책임을 전가·회피하려 노력한다.

책이 주목하는 또 다른 사안은 '정치적 세대'다. 나는 광장에서의 대립을 세대 투쟁으로 보는 데 반대한다. 맞불 집회는 어떤 정치 세대, 그러니까 '세대 의식을 가지고 정치적 요구를 하는 세대'가 주도한 것이 맞지만, 촛불 집회는 어떤 특정 세대가 주도한 것이 아니다. 따라서 광장의 대립은 세대 갈등이 아니다. 그렇다고 정치 세대가 맞불 집회를 주도했다는 사실마저 부정할 수는 없다.

내가 '시간의 실향민'이라고 이름 붙인 맞불 집회의 정치 세대는 매우 흥미로운 사례다. 세대에 대한 일상적이며 학술적인 통념을 뒤흔들기 때문이다. 기존 질서에 항의하면서 뭔가 새로운 것을 도모하는 청년이 통상적인 정치 세대의 모습이 아니던가. 그런데 맞불 집회를 주도한 시간의 실향민은 어르신이다. 정치 세대의 자격 요건에 연령 제한이 있는 것은 아닐 터인데, 많은—나를 포함한—관찰자들이 그들을 하나의 '떳떳한' 정치 세대로 보는 데 어려움을 겪는다. 인지부조화가 작용한 결과다(후에 상술). 시간의 실향민인 어르신들이 광장에서 보여준 편집병적 현실 부정, 시대착오적 사고, 억지스런 행동과 요구 등은 사람들로 하여금 그들을 '함께할 수 없는 별종'으로 배제하도록 만든다.

그 결과, 하나의 정치 세대로서 인정받지 못하는 시간의 실향민 역시 인지부조화에 시달린다. 국정 농단의 압도적인 증거들이 그들의 신념과 과거의 선택이 잘못된 것임을 우렁차게 보여주지만, 새로운 증거를 받아들여 신념과 선택을 바꾸기보다 기존의 행동과 태도를 유지하는 게 더 편하다. 우리가 지지했던 그 사람이 그랬을 리 없어. 그 사람은 완전히 '역인' 거라고. 그러한 인지부조화는 엄청난 정치적 에너지를 뿜어낸다. 그것을 착취하기 위해 세대 게임의 플레이어들이 몰려든다. 요컨대 시간의 실향민이라는 독특한 정치 세대는 두 가지 종류의 인지부조화에 의해 만들어지고, 그들이 뿜어내는 정치적 감정(분노와 배신)과 에너지를 착취하려는 세대 게임의 플레이어들이 꼬이게 되었다. 시간의 실향민이라는 정치 세대가 진화해온 과정과 플레이어의 역할을 꼭 살펴야 한다.

시간의 실향민이 정치 세대로 진화하는 과정을 살피기 위해(6장), 새로운 세대 연구의 성과들을 점검할 것이다(5장). 최신 연구 성과를 점검하는 일은 예전의 세대 연구 틀로는 포착할 수 없는 세대 형성의 디테일을 이해하기 위해 생략할 수 없다. 세대를 적절하게 관찰할 수 없도록 만드는 대표적인 걸림돌은 아마도 '세대'와 '청년'을 같은 것으로 간주하는 타성일 것이다. 청년은 마땅히 세대를 이룰 것이고, 그 세대가 사회를 진보시킬 것이다. 그러한 관성적 사고로는 시간의 실향민인 어르신 세대의 정치적 등장을 적절히 평가할 수 없음은 물론이다. 게다가 20세기 말부터 서구에서 크게 유행했으며, 21세기에 한국으로 수입된 '세대 전쟁론'에 알맞은 대응을 어렵게 만든다.

이제 세대는 청년의 독점물이 아니다. 청년은 좌절했고, 노인을 포함한 기성세대는 탐욕스럽다. 좌절한 청년은 세대로 성장할 수 없거나 포기했고, 기성세대는 중·장·노년을 그냥 하나로 묶은 "감자 한 자루"[3]와도 같던 처지에서 벗어나 탐욕과 이기심으로 뭉친 하나의 세대로 변신했다. 이처럼 청년과 기성세대를 보는 사회적 관점이 변화한 이유를 살펴야 한다(3장). 세대 전쟁론은 청년과 기성세대의 갈등을 전면에 내세운다(4장). '헬조선'이나 '노오력주의'와도 같은 표현들은 청년들이 좌절할 수밖에 없는 불가피한 사정을 담고 있다. 그 사정을 어떻게 평가하느냐에 따라 원인, 책임, 해결책이 달라진다. 세대 전쟁론은 이기적인 기성세대가 청년의 현재를 '착취'하고 미래를 '탕진'한다고 고발한다.

느껴지시는가? 세대 전쟁론은 은연중에 기존의 세대 의미를 새롭게 혁신했다. 청년 세대는 나약하고 비참하고, 기성세대는 청년을 착취하고 사회의 미래를 좌지우지하는 전지전능한 존재가 되었다. 세대의 의미가 바뀐 데에는 세대 게임 플레이어들의 성실한 기여가 크게 한몫했다. 그들은 불공정한 처사를 일삼는 기성세대를 벌해야 한다는 공적인 분노를 이용하여 자신의 목적을 이루려 노력한다. 그들에 따르면 세대 전쟁과 세대 투쟁은 선과 악의 싸움이다. 착한 패자 세대 대 사악한 승자 세대.

나는 그런 간편한 선악의 이분법에 두 가지 이유로 반대한다. 첫째, 그러한 이분법은 자신의 이익이나 확신에 따라 무의미한 전쟁과 투쟁을 독려하려는 칸토레크들의 감언이설이기 때문이다. 둘째, 칸토레크들이 설파하는 세대 전쟁과 세대 투쟁은 '세대'라는 동일한 개념을 쓰지만, 그 내용이 전혀 다르기 때문이다(2장). 갈등은 모든 사회에 존재하기 마련이다. 중요한 것은 이거다. 여러 사회 갈등들이 중첩되지 않도록 해야 한다. 그 자체로 무의미한 세대 갈등들을 하나로 겹쳐 보이게 만들면, 우리는 싸우지 않아도 되는 일로 격하게 싸워야 할지도 모른다. 의심하고 주저하는 역할이 중요한 까닭이 그에 있다.

2

2장 나이와 경험

―세대를 정의하는 두 가지 기준

2

앞으로 다룰 사회 현상은 '정치적 세대 투쟁'과 '정책적 세대 전쟁'이다. 표현으로 보면 행위자가 동일하다. 세대들이 투쟁하고 전쟁을 치른다. 그러나 두 세대는 전혀 다르다. 투쟁하는 세대는 경험, 기억, 정체성을 중심으로 스스로 또는 타인의 뜻에 따라 공동체를 만들지만, 전쟁의 세대는 나이를 기준으로 만들어진다. 정치적 세대 투쟁과 정책적 세대 전쟁의 독특한 세대 개념은 뒤에서 다룰 것이다. 여기서는 세대를 정의하는 두 가지 방식에 집중하자.

간략히 말해서 세대는 '나이'와 '경험'으로 만들어진다. 일명 '아줌마 파마'를 나이와 경험으로 각각 설명할 수 있다. 나이가 들면 머리숱도 적어지고, 용모를 꾸미는 데 관심도 덜해지고, 무엇보다 관리가 편하기 때문에 아줌마 파마를 한다. 또는 그들이 젊은 시절부터 파마를 해왔기 때문에 나이가 들어서도 파마를 고집한다. 사회학자는 전자를 연령 효과age effect, 후자를 동년배 효과cohort effect라 부른다. 전자는 사람들이 나이에 맞게 행동하기 마련이라는 입장, 후자는 젊은 시절의 경험이 각인되면 늙어도 그것이 유지된다는 관점이다. 아줌마 파마는 동년배 효과보다는 연령 효과로 설명하는 것이 마땅해 보인다.

반대의 경우를 다른 예로 살펴보자. 이를테면, 어르신은 보수적이고 청년은 진보적이다. 이 통념은 정치와 세대의 관계를 연령 효과로 보려는 것이다. 나이가 들면 안정적인 것을 선호하며, 그에 따라 안정을 지향하는 보수적인 정치 이념에 끌린다. 하지만 다른 설명도 가능하다. 어르신들이 보수적인 까닭은 그들이 젊은 시절에 지녔던 정치적 지향이 나이가 들어서도 지속되기 때문이다. 이것은 가장 중요한 세대사회학자 카를 만하임이 90년 전에 했던 지적이다.

대부분의 세대 연구자들이 무비판적으로 공유하고 있는 일반적인 가정, 즉 청년 세대는 진보적이며 구세대는 그 자체로 보수적이라는 가정만큼이나 허구적인 것은 없다. 최근의 경험을 돌아보면, 옛 자유주의 세대가 청년들 중의 어떤 파들보다 정치적으로 훨씬 더 진보적이라는 사실이 드러났다. (……) 청년들이 보수적일지, 반동적일지, 진보적일지는 현존 사회구조와 그 구조 안에서 청년들이 차지하고 있는 지위가 청년 자신들의 사회적 목적들과 지적 목적들의 촉진에 기여할지 안 할지에 달려 있다. (……) 청년과 나이 같은 생물학적인 요소들은 명백한 지적 또는 실천적 성향과 아무 관련이 없다(즉 청년은 자동적으로 진보적인 태도와 상호 연관될 수 없다).[1]

1920년대 독일에서도 연령 효과를 통해 정치와 세대의 관계를 설명하는 통념이 강했다. 그러한 통념의 허구성은 금방 탄로 난다. 청년 세대보다 더 진보적인 구세대의 존재! 만하임은 나이와 같은 생물학적 요소들이 자동적으로 어떤 정치적인 지향을 결정하지 않는다고 하면서 더 중요한 바를 지적한다. 청년들의 현실적 지위와 그들이 바라는 기대의 일치 여부다. 사회에서 적절히 대우받지 못한다고 느끼면, 청년들은 진보적(새로운 변화를 추구)이거나 반동적(영광스런 과거로의 회귀)인 태도를 취할 것이다. 반대로 적절히 대접받는다고 느낀다면, 그들은 보수적 태도를 택할 것이다. 최근 일본이 그에 해당한다. 『하류사회』[2]로 이름을 알린 미우라 아쓰시의 조사에 따르면 "현대 학생의 소위 '보수화'"[3] 경향이 강하다. 그는 그런 경향이 나타난 까닭을 다음과 같이 추측한다. "1990년대생의 학생들은 냉전 시대가 끝난 후에 태어난 세대로 소위 '보수와 진보'의 대립을 직접 경험하지 못했다. 한참 성장하는 시기에는 중국이 경제 대국으로 대두하여 정치적인 위협을 끼치기 시작했다. 또 태어나면서부터 축구와 올림픽을 통해 국가주의를 차근차근 주입받았다. 그러고 보면 자민당에 이들의 표가 집중된 것도 이상한 일이 아닐지 모르겠다."

한국의 경우 청년의 보수화가 아직 나타난 적은 없지만, 구세대의 진보화가 진행 중인 것처럼 보인다. 19대 대선 결과가 그 증거다. 이른바 86세대, 그러니까 80년대 대학을 다녔던 60년대생인 86세대가 주를 이루는 40대는 예전만 하더라도 보수적인 연령층으로 간주되었지만, 현재

40대는 지극히 '진보적'이다. 50대도 사정이 흡사하다. 물론 후배들에 비해 아직은 보수적이지만, 이전과 비교해서 50대는 보수적 색채를 많이 지웠다. 아마도 86세대가 50대에 진입했기 때문일 것이다. 전통적으로 보수적이라 여겨졌던 40대와 50대의 진보적 전환이 보여주는 바는 이거다. 젊은 시절 민주화를 위해 투쟁한 경험이 각인된 86세대가 나이가 들어가면서도 예전의 스타일을 유지한다. 이와 흡사한 궤적을 서구의 68세대도 보여준다. 1960년대 말 권위주의적 정치와 문화에 반기를 들었던 유럽과 미국의 청년들은 늙어가면서도 예전의 태도를 바꾸지 않았다.

정리하자. 사람들은 생애 과정을 거치면서 나이에 걸맞은 태도와 행동을 보이지만, 그에 구애받지 않고 젊은 시절 각인된 태도와 행동을 유지하는 경우도 있다. 그러한 두 경우를 구분할 수 있어야 한다. 아줌마 파마를 볼 때는 연령 효과와 나이가 중심이 되는 세대 개념이, 정치적 지향을 볼 때는 동년배 효과와 경험이 기준이 되는 세대 개념이 유용하다. 그래서 사회학자들은 연령 세대(더 정확하게는 연령집단 세대)와 동년배 세대를 구별한다. 연령 세대는 각 연령 단계(30대 또는 60대)의 사람들이 나잇값(연령 규범)을 하려고 공통된 태도나 행동을 보일 때 쓴다. 동년배 세대는 어린 시절이나 청년 시기에 축적된 경험이 세대 정체성의 구성 요소가 된다. 그렇게 형성된 세대 정체성의 독특한 관점이나 자세는 나이가 들고 세상이 변하더라도 크게 바뀌지 않는다. 여기서 조심할 점이 있다. 두 효과와 두 세대를 '참과 거짓'의 틀로 보면 안 된다. 구분은 참과 거짓의 문제가 아니라 쓰임새가 다름을 반영할 뿐이다. 동년배 효과로 아줌마 파마를 해석하면 불만족스럽지만, 정치적 지향을 설명하면 설득력을 지닌다. 연령 효과도 마찬가지다. 어떤 경우에는 그럴듯하지만, 다른 경우에는 그렇지 않다.

사실 연령 세대는 일정 역사적 단계에서는 요긴했다. 이를테면, 각 연령 단계는 나름의 삶의 과제를 가진다. 그 과제를 풀기 위해서는 '~해야만' 한다. 그것이 바로 '연령 규범'이다. 비록 나잇값이 우리의 행위 선택을 제한하는 것은 분명하지만, 다른 한편으로 그것은 '삶의 지혜'이기도 하다. 가령 10대 아동이 노인과 같이 침착하면 곤란하듯이, 80대 노인이 익스트림 스포츠를 즐기면 난감하다. 전통 사회에서는 연령 규범이 거의 영속적으로 유효했다.

사회 변화가 더뎠기 때문이다. 그러나 현대 사회는 그렇지 않다. 사회가 급속히 변하면서 각 연령대의 삶의 과제가 바뀌었다. 불과 20~30년 전만 하더라도 20대에게 결혼은 중요한 삶의 과제였다. 하지만 오늘날 20대에 혼인한 사람들은 필경 '용기 있다'거나 '철없다'는 얘기를 듣기도 할 것이다. 말하자면, 연령 세대는 변화의 속도가 덜 빠른 곳에서, 동년배 세대는 빠른 곳에서 유효성이 크다.

그렇지만 연령 세대가 여전히 강세다. 동년배 세대에 비해 연령 세대가 지니는 최대 강점은 쉽고 간편하다는 점이다. 10대, 20대 등으로 쉽게 잘라낼 수 있고, 2030, 4050, 6070세대와 같이 간편하게 붙여서 쓸 수도 있다. 더 중요한 이유는 그것이 통념과 상식에 가깝다는 점이다. 고민 없이도 그에 의존해서 질문하고 답할 수 있다. 쉽고 편한 데다가 통념과 상식과도 일치하니 연령 세대가 사랑받을 수밖에 없다. 하지만 그러한 쉽고 편한 상식과 통념이 오해를 자아내는 경우가 많다.

최근 20대 후반의 기자들과 점심을 같이했다. 그들은 입사 때부터 '회사에서 적어도 국장 정도는 해봐야지'라는 생각을 해본 적이 없다. 그런데 그들의 상사는 자신의 젊은 시절에 비추어 후배들을 대한다. "이 친구들, 내 20대와 마찬가지로 높이 오르고 싶을 거야." 상사는 '내가 너희들의 미래다'라는 관점을 고집하고, 젊은 기자들은 '나름의 경험'을 통해 자신들이 선배의 길을 따르지 않거나 못할 거라(내가 충성한다고 회사가 나를 지켜주지 않아) 생각한다. 여기서 긴장과 잡음이 발생한다. 상사는 연령 세대의 관점에서 후배를 대하지만, 후배들은 동년배 세대의 입장에서 상사를 대한다. '내가 거쳐 온 길을 너희도 걸을 것'이라는 연속성의 입장과, '당신은 당신의 길을 걸었고 우리는 우리의 길을 걷게 될 것'이라는 차이를 강조하는 관점의 갈등이다.

나이와 경험, 연령 세대와 동년배 세대의 구별이 앞서 말한 바처럼 간단하지는 않다. 또 다른 차원이 개입하기 때문이다. 타인이 어떤 사람들을 세대라 부르는 것과 당사자 스스로 세대가 되는 것은 다르다. 전자는 나이와 관련된 제도(나이가 차면 학교에 가야 한다)가, 후자는 경험에서 비롯한 정체성이 핵심이다. 두말할 나위 없이, 세대를 이루는 데 나이는 결정적으로 중요하다. 독일의 세대사회학자 마르틴 콜리가 말했듯이, 우리 생애는 많은 부분 나이에 따라 구획된다.[4] 이를 콜리는 "생애 과정의 제도화"라 불렀다. 연령에 따라 진입과 퇴장을 관장하는 제도들의 수중에서 사람들의 생애가 조직된다. 비슷한 나이의 사람들이 취학, 취업, 결혼, 은퇴와 같은 삶의 중요한 제도적 과정을 함께 행진한다. 그렇지만 단지 나이가 비슷하고 어떤 제도에 입장·퇴장을 같이한다고 하나의 세대가 자동적으로 이루어지거나 만들어지지 않는다. 나이와 제도 이외에 또 다른 무엇이 있어야 그들 스스로 '우리 의식'을 지닌 공동체가 될 수 있다.

나는 그 '무엇'을 경험, 더 정확하게 말해서 세대 정체성을 갖게 되는 데 필요한 역사적 경험과 그 기억이라 생각한다. 비슷한 나이의 사람들이 삶의 중요한 제도적 과정을 함께하지만, 역사의 굴곡(예기치 못한 전쟁이나 경제 공황)에 따라 그 이전과 이후가 확연히 다른 사회적 기회나 제약에 노출될 수밖에 없다. 갑작스레 교육 기회가 늘거나, 불현듯 취업 기회가 줄 수 있다. 역사의 굴곡에서 어떤 동년배 집단이 그 이전과 이후의 선후배 집단과 구별되는 고유한 "사유·감정·행동"[5]의 방법과 양식을 갖게 될 때, 비로소 그들은 우리 의식을 지닌 세대가 된다. 어떤 역사적 사건이나 시기를 직접 체험하거나 간접적으로 경험하고, 그러한 체험과 경험의 자료들을 '그 세대 나름의 방식으로' 가공하여 기억할 수 있어야 세대 정체성이 또렷해진다. 예컨대 1970년대 한국의 상황을 어떤 세대는 권위주의 정권의 긍정적 유산으로 기억하지만, 다른 세대는 그것을 독재 정권의 부정적 유산으로 기억한다. 기억 방식은 스스로를 어떻게 규정하는지(정체성)에 따라 달라진다.

또한 당사자 스스로 세대가 될 수도 있지만, 누군가가 그들을 하나의 세대로 부를 수도 있다. 가령 50대 중반인 나를 두 가지 분류 기호로 표현할 수 있다. 86세대와 4050 또는 5060세대다. 후자는 나이에 따라 세대를 분류하는 기호, 그러니까 연령 세대다. 이 기호는 당사자의 입장을 전혀 고려하지 않으며, 그것을 사용하는 사람의 어떤 기대를 전적으로 반영한다. 만약 사용자가 청년과 노년과는 다른 어떤 정치적 성향을 기대한다면 4050을, 청년과 다른 '이제 곧' 노년의 성향을 보고자 한다면 5060을 쓸 것이다. 두 가지에 주목해야 한다. 첫째, 50대가 무엇과 쌍을 이루는지에 따라 해석이 전혀 달라질 수 있다. 둘째, 50대의 속성보다 분류 기호를 사용하는 사람의 기대가 중요하다. 다시 말하지만, 연령 세대에서 당사자의 시각과 입장은 중요하지 않다. 이와 달리 86세대에는 당사자의 정체성이 담길 여지가 있다. 86세대는 예컨대 80년 광주에 대한 죄의식이나 부채 의식, 민주주의에 대한 독특한 감수성, 또는 자신뿐만 아니라 공동체에도 관심을 지닌 엘리트였다는 자기 과시와도 같은 여러 속성의 리스트를 내장한다.

정리하자. 생애 과정의 제도화에 따라 나이가 비슷한 사람들이 선배와 후배들과 구별되는 동류의식을 가질 가능성이나 잠재력은 높아졌다. 그렇다고 모든 동년배가 고유의 세대 정체성을 가질 수는 없다. 세대 정체성은 경험한 바를 나름의 방식으로 가공·기억할 수 있는 역량을 지닌 동년배 집단에게만 허락된다. 그러한 역량은 무엇보다 자신을 그 세대의 소속원이라 생각하는 담론적 엘리트, 카를 만하임의 표현으로는 '세대 단위'들이 존재할 때 길러지고 발휘된다. 공론장에서 담론을 주도하는 담론 엘리트(내 표현으로는 세대 게임 플레이어)는 세대 정체성에 담겨야 하는 경험과 기억 등을 제시하여, 일반 세대 구성원들의 동의를 끌어내는 역할을 한다. 그런 의미에서 연령 세대에게 정체성이 없다는 것도 이해할 수 있다. 거기서 당사자들은 그냥 분류의 대상일 뿐이다. 연령 세대라는 분류 기호를 활용하는 담론 엘리트들은 어떤 동년배 집단에게 일방적으로 어떤 속성이나 세대 명칭을 부여(강요)한다. 앞서 예로 들었던 4050뿐만 아니라, 친숙하지만 이미 잊힌 온갖 세대 명칭들, 가령 "월드컵 세대"가 그에 속한다. 그런 명칭들은 비록 어떤 사건의 '경험'을 수식어로 쓰지만, 우리가 지금 다루는 경험과는 전혀 상관없다. 단지 그 사건이 있었던 당시 '영향을 받았으리라고 상상하는' 젊은 연령집단들을 지칭할 뿐이다.

연령 세대와 정체성(동년배) 세대를 구분하여 따져본 까닭은 정책적 세대 전쟁과 정치적 세대 투쟁의 차이를 보여줄 수 있는 도구를 벼르기 위함이었다. 정책적으로 싸움을 벌이는 세대들은 제도를 기반으로 하여 나이에 따라 분류된 것이고, 정치적으로 갈등하는 세대들은 나름의 경험, 기억, 정체성을 지닌 공동체의 특성을 보인다. 세대 전쟁과 세대 투쟁을 본격적으로 다루기 전에, 청년과 노년 세대의 이미지가 변화한 궤적과 이유를 살피려 한다. 세대 전쟁과 세대 투쟁이 사회적으로 주목받게 된 문화적 배경에 대해 귀중한 정보들을 제공하기 때문이다.

3

3장 청년은 비참하고 노년은 화려하다

—청년과 노년의 이미지 변화

3

1. 청년은 우리의 미래다?

미래는 한때 청년 세대의 것이었다. 오늘보다 나은 내일을 청년이 이룰지어다. 하지만 지금의 청년은 희망찬 미래를 만들 주체는커녕 동정과 연민의 대상으로 전락했다. 경제지 『이코노미스트』는 그들을 "억압받는 소수자"라 불렀고, 한국의 집권 여당이었던 새누리당은 그들을 "정치적 소수자"로 대우했다.[1] 노년 세대에 대한 평가는 상반된 궤적을 그렸다. 동정과 연민의 대상에서 자기 이익과 의견을 위해 투쟁하는 전사로 거듭났다. 위의 경제지는 노인들이 "청년을 억누른다"고 고발했고, 한국의 노인은 맞불 집회에서 기세와 완력을 과시하며 거친 투사의 면모를 널리 알렸다. 청년은 빛나는 주체에서 가련한 대상으로 몰락했고, 노인은 부양할 대상에서 탐욕스런 전사로 변신했다. 불과 10~20년 사이에 청년과 노인의 위상이 변했다. 그사이에 대체 무슨 일이 있었던 것일까?

대략 반세기 전에 미국의 인류학자 마거릿 미드는 청년이 미래를 선도하는 사회를 전망했다. 기성세대가 청년에게 배워야만 하는 상황이 이제 곧 도래할 것이다. 증거는 당시 미국의 경험이었다. 미국으로 이주해온 사람들은 세대별로 상이한 적응력을 보였다. 다른 문화권에서 성장하여 이주해온 기성세대(이주 1세대)들은 새로운 환경에 적응하는 데 어려움이 컸지만, 미국에서 성장한 자녀(1.5 내지 2세대)들은 부모보다 신세계에 더 빨리 적응했다. 이런 사실에 착안하여 미드는 과거의 경험에 집착하는 기성세대보다 그로부터 자유로운 청년이 더 빠른 적응력을 보이는, 따라서 기성세대가 젊은 세대에게 신세계에 적합한 삶의 방식을 배워야 할 때가 올 것이라 전망하였다. 살아본 적 없는 미래의 세계에서 우리는 모두 "시간 속의 이주민migration in time"이다.[2] 이제 청년이 스승이다.

스승이 된 청년은 그러나 곧바로 퇴직을 준비해야만

했다. 퇴직 사유도 얄궂다. 청년을 위하기 때문에 그들에게 미래를 맡길 수 없다! 1972년 유네스코 총회는 「세계유산협약」을 결의했다. 인류 전체의 것이라 할 수 있는 문화유산과 자연 유산을 지키기 위한 조치가 필요하다는 것이었다. 협약 4조의 내용이다. "각 협약 가입국은 〔……〕 자국 내에 위치한 문화 및 자연 유산을 식별하고 이를 보호·보존·활용하고 자라나는 세대에 전승시키는 것이 자국에 과하여진 최우선의 의무라는 것을 인식한다." 현재를 사는 우리 기성세대가 미래 세대를 위해 무엇을 남길지 정할 테니, 너희들은 이를 따르도록 하여라. 협약에는 지속 가능성의 이념, 즉 미래의 세대에게 피해를 끼치지 않는 범위에서 현재 세대의 필요를 충족시키는 방안을 고민하는 이념이 스며 있다.

과거를 살아온 세대, 곧 기성세대가 현재의 결정인 협약을 통해서 미래의 방향을 결정한다. 과거에서 풀려났던 미래는 현재, 곧 미래의 과거에 다시금 묶였다. 그렇게 미래를 과거에 묶는 '지속 가능성'이라는 독특한 형식의 미래 관리는 비단 세계유산이나 생태 문제에만 적용되지 않았다. 1980년대부터 지속 가능성 개념은 다양한 모습으로 세대 관계에 침투했다. 학술적 근거로 포장된 대중적이며 정책적 담론인 '세대 전쟁론'이 그 결과다. 젊은 세대와 늙은 세대가 국가 재원이나 일자리와 같은 사회적 자원을 놓고 다툰다. 노인은 더 이상 이타적이며 수동적이고 겸양하지 않는다. 이기적이며 능동적으로 탐욕을 부린다. 청년 역시 변했다. 그들은 무엇보다 스스로 문제를 해결할 수 없다. 비참한 청년이 세계의 비참을 치유할 수 없다. 그들의 미래는 기성세대에게 달려 있다. 미래 세대를 염려하는 기성세대가 노년 세대와 전쟁을 시작했다. 미드의 예측은 틀렸다. 청년은 이제 스승이 아니다. 문제 해결의 주체였던 청년은 문제로 전락했다.

나라마다 그리고 시기별로 청년에 대한 사회적 평가, 줄여서 청년상像은 부침을 겪는다. 우리의 경우만 보더라도 1900~1920년대 청년은 "계몽의 압력과 식민지 사회가 강제한 문화적 압박 아래" 그 위상이 문명과 근대와 독립의 주체 등으로 "과잉 상승"했지만, 그로부터 10년 후에는 "심각하게 박탈된 자의 형상으로 등장"[3]했다. 짧은 기간 동안에 "청년이 문제 해결의 주체에서 문제 그 자체로, 사회를 이끌어갈 존재에서 사회가 해결할 고민거리로 전락"[4]

한 것이다.

그 이후로도 청년상은 한국 사회 나름의 발전 궤적을 따라 부침을 겪었다. 그런데 세계화의 폭이 넓어지고 밀도가 짙어진 20세기 말부터 청년상은 다른 지역과 동시화synchronizing되었다. 청년이나 청년 세대에게 부여된 명칭이 전 세계적으로 유사하다는 것에서 이를 확인할 수 있다. 20세기 말부터 유행하는 청년 세대 명칭은 거의 예외 없이 수동적이며 부정적이다. 청년은 부모에게 의존하는 기생충, 경제적 어려움에 신음하는 가련한 존재, 불안정하게 살아가는 고통받는 존재일 뿐이다. 그에 반해 노인에 대한 사회적 평가는 반대 궤적을 그렸다. 부양의 대상, 쇠락의 이미지, 수동적 존재라는 예전의 평가는 사라졌다. 유행하는 명칭으로 보자면, 청년은 비참하고 노인은 화려하다. 다시 묻겠다. 대체 왜 이런 변화가 일어났을까?

2. 노인, 새로운 주체

소비사회의 명령과 안티에이징 운동

'젊음'이 사회적으로 선망하는 가치가 된 것은 그리 오랜 일이 아니다. 내가 대학을 다녔던 1980년대 초반만 하더라도 젊은 남자에게 '노숙함'은 선망의 대상이었다. 고등학교를 졸업하고 맨 처음 산 옷도 그래서 양복이었다. 어려 보이면 사회적으로 대접받지 못했기 때문에 노숙해 보이려 노력했다. 하지만 이제는 영 딴판이다. 나이가 많은 사람들은 물론이고 젊은 친구들도 더 어려 보이려 노력한다. 변화의 이유를 찾기 쉽지 않다. 이럴 때 필요한 것이 바로 '쿠이 보노*cui bono*' 원칙이다. 그것으로 이익을 보는 자들을 찾으라.

강력한 용의자는 기업이다. 젊음에 대한 집착과 회춘의 갈망, 요즘 흔히 쓰는 말로 안티에이징은 전 세계적으로 가장 각광받는 산업이다. 한 추정에 따르면 안티에이징의 세계 시장은 2735억 달러(2013년), 한국 시장은 11.9조 원(2011년) 규모다. 안티에이징 산업은 "항노화 기전을 보이는 식품, 화장품, 의료기기 및 약품"과 같은 제품과 "노화 예방 및 관리와 관련된 영양, 피트니스, 스파 및 헬스 서비스"[5]를 망라한다. 안티에이징 산업의 목표이자 명령은 무연령성agelessness, 곧 신체와 생활양식의 회춘이다.

안티에이징 산업은 지금껏 수동적 소비자에 불과했던 노인들, 더 정확히 말해 노화가 본격적으로 진행되는 장년층 이상인 사람들을 적극적 소비자로 탈바꿈시키려 노력한다. 이는 소비주의 또는 소비자 사회라는 전체 트렌드에도 부합한다. 소비는 이제 정체성의 기반을 제공한다. 소비는 생활양식의 선택이며, 그 선택을 통해 사람들은 자신이 누구인지를 남에게 표현하고 스스로 납득한다. 늙어간다는 것은 소비자의 선택과 비필연적인contingent 정체성의 문제가 된다. 말하자면 노화는 자연의 불가역적인 과정이 아니라 소비를 통해 그에 대항해야 하는 숙제가 되었다.

소비자 사회에서 노인이 된다는 것은 자연의 법칙에 순응하는 것이라기보다 주체적 능력이 없는 것이다. 당연히 주체 능력은 소비 능력으로 측정된다. 그것이 없는 당신은 '인간쓰레기'다. 쓰레기가 되지 않으려면 연령에 상관없이 소비해야 한다. 노화를 예방하는 영양식을 먹어야 하고, 신체적인 건강(피트니스)을 유지해야 하고, 젊은 감각의 아이템을 착용해야 하고, 시술을 통해 얼굴 주름을 펴야 한다. 개인에게 강요되는 그러한 명령은 기업과 산업의 시각에서 다음과 같은 지시로 번역된다. '지속적으로 새로운 시장을 개척하고 새로운 소비자를 찾아라.'

저출산·고령화는 소비자 지형도를 근본부터 변화시켰다. 수동적 소비자인 노인이 너무 많아졌으므로 이들을 적극적 소비자로 바꾸지 못하면 체제 유지가 불가능하다. 그런 의미에서 안티에이징 산업은 소비에 적극적이지 않은 노인들을 온전한 소비자로 만들기 위한 기획이다. 그러나 이미지 변화가 노인에게 강요된 것만은 아니다. 당사자 스스로 그러한 변화를 능동적으로 이끈 측면이 있다. 이런 의미에서 로버트 H. 빈스톡과 동료들은 그러한 변화를 '안티에이징 운동'이라 부른다. 안티에이징 운동은 네 가지 요소들이 결합한 결과다. 첫째, 상업적이고 의료적인 "안티에이징 상품과 서비스"를 제공하려는 산업의 요구, 둘째 관련 전문가, 특히 의료 전문가와 노년학자gerontologist의 연구와 노력, 셋째 인구 고령화에 따른 비관적인 경제 전망, 넷째 당사자들의 요구와 노력.[6] 노인의 이미지 변화는 그와 같은 네 가지 요소들이 결합해서 만들어낸 결과다.

빈스톡과 동료들이 지적한 관련 전문가들의 활약을 잠시 살피자. 인구 고령화가 본격적으로 부각된 것은 1980년대의 일이다. 물론 그 이전부터 노인에 대한 새로운 시각(지식-권력)이 학술적이며 정책적으로 서서히 안착되었다. 발달심리학자와 노년심리학자들이 근본을 다진 이래, 여러 노년학자들이 완성한 이른바 "성공적인 노화" 개념은 획기적인 것이다. 이 용어는 존 로와 로버트 칸의 『성공적인 노화』[7]에서 유래한다. 1987년에 발표한 논문을 발전시킨 이 책은 '성공적 노화'에 실패하면 고독하고 버려지고 수동적이고 불행하며 병에 걸려 쇠약한 노인이 된다고 경고한다. 성공한 노화는 노인을 사교적이고 능동적이고 행복하며 건강하게 만들 수 있다. 거의 비슷한 시기에 유럽에서는 성공한 노화에 상응하는 용어와 그에 근거한 정책적 어젠다가 유행했다. 이른바 "능동적 노화"와 "생산적 노화"다. 노인들에게 능동성과 생산성을 요구하는 것이다. 그냥 늙어가지 말고 능동적으로, 생산적으로 늙어라.

새로운 노화 패러다임의 등장

성공적·능동적·생산적이라는 아름다운 관형어로 수식된 용어의 발전에는, 그러나 학술·화폐·사회정책의 이윤을 향한 야멸찬 관심이 동력을 제공했다. 예를 들어 "제약회사와 노년심리학의 [위험한] 애정 관계"가 지목되기도 한다.[8] 제약회사는 이윤을 위해 심리학자들의 연구를 구매하고, 심리학자들은 학술적 명성(과 돈·권력)을 얻기 위해 제약회사의 지원을 활용했다는 것이다. 줄리아 로저노바는 능동적·생산적 노화의 패러다임이 대중적으로 성공할 수 있었던 요인으로 두 가지를 제시한다.[9] 첫째, 당사자들의 요구 때문이다. 많아진 노인들은 자신들에 대한 부정적인 이미지가 거슬린다. 비록 현실이 여전하더라도 생각이나마 긍정적으로 할 수 있다면 좋지 않겠는가. 둘째, 사회정책을 축소하려는 목적에 부합한다. 노인들을 젊은이들과 하등의 차이가 없는 시민, 더 정확히 말해서 "능동적이며 스마트한 소비자이자 임금노동과 자원봉사와 같은 생산적 활동의 참여자로서 경제적 역할"을 수행하는 시민으로 간주하면, 그들에게 지출되던 사회복지비용을 줄일 수 있겠다.

성공적·능동적·생산적 노화와 같은 새로운 노화 패러다임은 학술적 용어, 정책적 목표, 경제적 이윤 추구, 사회운동으로서 다양한 행위자들의 요구가 상호 작용하면서 만들어진 결과물이다. 새로운 노화 패러다임의 다양한 면모는 상이한, 때에 따라서는 상충하는 요구에 답할 수 있는 융통성과 활력으로 나타난다. 경제적 이윤과 학술적 명성과 정책의 정당성과 당사자의 요구를 충족할 수 있기 때문이다. 그것은 무엇보다 현재 전 세계적으로 유행하는 신자유주의 패러다임에 잘 부합한다. 사회의 책임보다 개인의 책임을 최우선으로 하는 신자유주의적 정책 패러다임과 새로운 노화 용어는 궁합이 잘 맞는다. 각자(개인적으로) 스스로(능동적으로) 잘(성공적이며 생산적으로) 자신의 삶(노화)을 책임져야 한다는 점에서 양자는 동일하다.

새로운 노화 패러다임의 기발함은 두 가지다. 첫째,

문제의 당사자에게서 그 문제의 해결책을 찾기에 비용이 덜 든다. 패러다임은 이렇게 말한다. 늙은이들이 많아져서 사회가 활력을 잃어간다. 남들에게 피해를 입히거나 남들의 도움을 바라지 말고 당신들 스스로 능동적으로 대처하여 성공적으로 늙어가라. 문제 해결의 열쇠는 당사자인 늙어가는 인간에게 있으니, 그들에게 분발하라고 다독이고 고함치면 사태 종결이다. 둘째, 만인에게 이익이 된다. 세대 전쟁을 오래 비판해온 앨런 워커의 말이다. "그 전략의 아름다움은 그것이 만인에게 이익이라는 데 있다. 나름의 잠재력과 삶의 질을 높일 수 있도록 하기에 늙어가는 개인인 모든 연령대의 시민들에게 이익이다. 전체 사회에도 이익이다. 인간 자본으로부터 최상의 것을 꺼낼 수 있고, 〔노인들이 부담이 아니라 생산적이 되어서〕 세대 갈등을 회피할 수 있으며, 더 공정하고 더 포용적인 사회를 창조할 수 있다."[10]

아름답다. 하지만 사회학적 시선으로 보면 그것의 아름다움은 현실의 빛을 쪼이는 순간 산산이 부서진다. 독일의 사회학자 슈테판 레세니히는 무엇보다 그 패러다임이 노인층을 "부적절하게 동일시"한다고 지적한다.[11] 노인은 사회경제적인 측면뿐만 아니라 건강 상태에 따라 천차만별이다. 그들이 모두 "'고도의 잠재성'을 가지고 있으며, 단지 발견되고 활성화되기를 기다릴 뿐"이라는 기대는 부적절하다. 또한 "'잘 늙어가는 것'의 유일한 규범"을 강요한다. 그 규범을 충족하지 못하는 노인은 배제되어 쓰레기 취급 받기 십상이다.

안티에이징 운동과 성공적·능동적·생산적 노화는 분명, 적어도 서구에서는 노인에 대한 부정적 이미지를 개선하는 데 기여했지만, 심각한 위험이기도 하다. 한국은 어떨까. "수명 연장과 노인 인구 증가의 세계적 추세 속에서 한국에도 서구의 성공적 노화 모델이 소개되었으며, 매스컴을 통해 건강하고 활기찬 노인의 모습이 강조되고 있다. 정책적으로는 노인 집단의 노동력을 개발하여 자립적인 사회 구성원화하는 것이 중요한 어젠다가 되고 있다."[12] 한국에서 성공적 노화 모델은 매스컴을 통해 소개·유포되었고, 또한 정책적 차원에서 중요한 어젠다가 되었다. 그것을 노인 스스로 원했다기보다 곧 다가올 생산력 고갈에 대비해야 하는 정책적 필요성에 의해 강요된 것으로 봐야 한다. "현재 사회적 생산성에 대한 정책 방향, 마케팅 의

제, 안티에이징 담론을 통해, 신체 기능이나 활동 능력 등을 강조하는 성공적 노화의 담론은 노년에 대한 사회적 평가로서 강력한 문화 규범으로 발전하고 있다. 성공적 노화 모델이라고 하는 특정 노인의 상태를 표준으로 제시하고 있는 것이다. 그리고 이러한 기준에 미달되는 노인들은 주변화되고 이들에 대한 부정적 시각은 〔오히려〕 강화된다."

OECD 국가 가운데 최고의 노인 빈곤율 및 자살률을 기록하고 있는 한국에서 현실에 반하는 화려한 노년에 대한 이야기가 널리 회자되는 까닭이 밝혀졌다. 현실이 아니라 그렇기를 바라는 당사자와 대중매체와 정책 당국 및 전문가의 염원이 투영된, 이상적이며 강제된 "표준"일 뿐이다. 그러한 표준은 세대 전쟁론에서 귀하고 중한 역할을 수행한다. 싸움의 상대를 정해주기 때문이다. 안타깝게도 서구의 공격 대상인 노년 세대를 한국에 그대로 가져다 쓸 수는 없다. 그들의 사정이 너무 처참하기 때문이다. 대신에 한국의 세대 전쟁론자들은 기성세대를 그 자리에 세운다(후에 상술). 젊은이들을 착취하여 화려한 삶을 즐기는 기성세대가 공격 대상이다. 그렇게 전쟁의 상대가 정해졌다. 그러면 '우리 편'인 젊은이의 사정은 어떤가.

3. 청년, 몰락한 주체

비참한 청년

한국 청년의 비참한 사정은 이미 널리 알려졌다. 헬조선, 노오력주의, 수저계급론, 그리고 N포세대라는 말은 청년의 비참한 사정을 잘 보여준다. 지옥이 되어버린 한국, 노력을 하더라도 상황이 나아질 리 없다는 노오력주의, 물려받는 바로 모든 것이 결정되는 수저계급론, 취업·연애·결혼·출산은 물론이고 친구 관계와 희망마저 포기한 N포세대 등은 청년이 실감하는 현실이다. 전병유와 신진욱이 한국 불평등 연구의 최신 성과를 엮어낸 한 연구서는 그래서 청년 세대가 "'구조적으로' 하위 계층"이 되어간다고 밝힌다.[13] 구조적인 하위 계층은 "탈산업화, 일자리 없는 성장, 구조 조정 등으로 노동 시장에 진입조차 하지 못하"는 주변화된 계층이다. 청년 세대가 소득, 자산, 주거, 결혼, 인간관계, 자존감과 같은 여러 측면의 불평등과 박탈을 동시적이고 응축된 형태로 경험한다는 것이다. 그에 그치지 않는다. 그들의 "'가난'은 총체적이다."[14] 미래에 대한 전망과 희망마저 상실했기 때문이다.

총체적 가난에 시달리는 청년은 사회적 기대에서도 상실을 경험한다. 사회는 이제 청년에 대한 기대를 거두었다. 그들은 미래를 개척하고 선도할 수 없다. 자기 앞가림도 못 하는 청년에게 사회의 미래를 맡길 수 없다. 하지만 누군가는 그 일을 해야 하지 않겠는가. 노인을 포함한 기성세대가 제격이다. 오랫동안 젊은이의 독점물이라고 여겨졌던 특성, 예를 들어 유연성, 즉흥성, 풍부한 표현 능력 등은 노년 세대에까지 확산·분산되었다. 그 결과 "연령에 따라 다르게 나타나는 행동 스타일의 차이가 사라졌다."[15]

과거에는 대중문화, 스포츠, 건강을 다른 세대가 손댈 수 없는 청년의 몫으로 인정했지만, 이제 연장자 세대들이 그것을 탐한다. 물론 청년의 전유물로 생각되던 것들이 상품이 되어 그들을 유혹하고 강요하기 때문이다. 이제 대중문화 상품, 스포츠 상품, 건강 상품은 연령에 상관없는 필수(적 상)품이 되었다. 꽃중년(매력적인 중년), 아재파탈(치명적 매력을 지닌 아저씨), NoMU족(no more uncle, 더 이상 아저씨가 아닌 아저씨), 액티브 시니어(젊은이의 라이프스타일을 추종하는 노인들)라는 신조어는 나이가 들거나 늙었지만, 적극적인 상품 소비를 통해서 매력을 유지하라는 자본주의의 명령이다. 죽음을 눈앞에 둔 고령자조차 청년적인 활력을 유지하고 자기실현을 위해 고심해야 한다. 최근 노인들의 육체 상태가 과거에 비해서 현격하게 개선되었으며, 자신들이 선배 세대와 비교해서 육체적으로나 정신적으로 더 젊다고 인식한다는 점도 그에 한몫한다. 페테르 외베리와 라르스 토른스탐이 밝힌 바처럼, 연령에 상관없이 모든 사람들이 "청년성과 피트니스의 이상"을 갈구하고 좇게 되었다.[16]

연령 규범은 복잡하고 혼란스럽고 어수선한 사회적 상태를 나이에 따라 각을 잡고 질서를 세우는 것이다. 하지만 이제 연령 규범, 통상적인 용어로 나이에 어울리는 말과 태도와 행동을 뜻하는 나잇값은 청년성과 피트니스의 이상 앞에서 무력해졌다. 그리고 변화를 기피하고 안정을 추구하는 경직된 사람은 시대에 어울리지 않는다. 필요한 것은 청년의 용모와 건강은 물론이고 그들 삶의 방식과 태도다. 청년은 모든 가능성을 열어놓고, 새로운 것에 적응하기 위해 애쓰며, 새로운 출발을 지속적으로 도모한다. 만약 유연하고 기동적인mobile 청년의 이미지가 우리가 사는 이 세계에 적합하다면, 나이에 상관없이 그것을 취해야 한다. 말하자면 청년의 이상은 나이에 상관없이 만인이 추구해야 하는 가치다. 이렇게 '생물학(연령)적 청년'과 '이상으로서의 청년'이 서로 분리된다.

이상으로서의 청년은 현실의 살아 숨 쉬는 청년이라면 마땅히 가져야만 하는 속성의 집합이다. 그러한 속성을 '청년성'이라 부르자. 청년성은 청년에 대한 나름의 합의가 통용되는 권역과 시간에 따라 변한다. 예컨대 부모의 봉양과 전통이 중요한 곳에서는 세대 계승에 초점을 맞춘 청년의 역할을 중시하지만, 혁신과 변화가 중시되는 때에는 세대 단절, 그러니까 이전 세대와의 차별화가 중요하다. 산발적 예외를 제외하면, 근대 이후 세상은 세대 단절을 숭상한다. 때문에 청년성의 핵심은 과거와 절연하는 혁신을 통해 새로운 미래, 더 나은 미래를 만들 것이라는 기대에 있다. 그러한 기대가 모라토리엄을 허락했다.

모라토리엄, 성마른 자본, 청년의 가치 하락

두 당사자가 특정한 행위, 예컨대 '지불 행위를 유예하는 약속'을 의미하는 모라토리엄은 근대적 청년의 탄생에 크게 기여했다. 근대 청년은 특히 교육과 관련된 모라토리엄, 줄여서 교육 모라토리엄에 빚진 바가 크다. 의무교육을 받는 사람은 사회로부터 일정한 의무, 예를 들어 영리 활동, 정치 참여, 국방과 같은 시민의 의무를 면제받는 대신, 사회 성원으로서의 온전한 역할을 위해 필요한 지식과 품성과 체력(지덕체)을 습득해야 한다. 사회가 청년에게 책임을 유예하여 미래를 준비할 자유와 권리를 줌으로써 청년은 내일을 준비하고 열 수 있는 주체가 되었다.

교육 모라토리엄을 어떻게 생각하는지에 따라 청년(아동·청소년 포함)에 대한 사회적 인식이 달라진다. 모라토리엄을 성인이 되기 위한 준비로 보는 이른바 "이행 관점"은, 청년 자체의 고유한 의미를 강조하는 소위 "청년문화 관점"과 대립한다.[17] 이행 관점에서 모라토리엄은 청년의 목표를 명확히 설정한다. 청년은 부모나 교사와 같은 성인에게서 미래의 온전한 성인으로 사는 데 필요한 능력을 전수받아야 한다.

이에 반해 청년문화 관점은 유예기를 청년이 자율적으로 성장하는 과정으로 간주한다. 성인은 더 이상 청년의 전범典範이 아니며, 청년의 정체성 형성과 사회적 가치의 획득은 삶을 실험하고 목표를 모색하는 데서 얻어지는 부산물이다. 두 관점 모두 새롭고 더 나은 미래를 지향하지만, 전자는 그것을 위해 현재를 희생하고 성인의 지도를, 후자는 현재의 희생을 거부하고 청년 본인의 자율성을 필수 요소로 삼는다.

후기근대에 이른 오늘날, 두 관점의 대립은 무색해졌다. 양자 모두 위기에 봉착했기 때문이다. 먼저 각 관점의 설득력이 약해졌다. 이행 관점은 '성인'을 모라토리엄의 목표이자 청년의 미래로 삼는다. 불안정해진 고용 관계나 사회 전반적으로 불확실성이 증가한 오늘날, 그러한 목표와 미래는 어불성설이다. 청년문화 관점 역시 마찬가지다. 성인이 제시한 목표를 거부하고 현재에 충실하려 노력하지만, 불안정성의 확대와 불확실성의 심화는 목표와 미래는 물론이고 현재와 자율성마저 파괴한다.

위기는 그에 그치지 않는다. 모라토리엄 자체를 파괴한다. 모라토리엄의 핵심은 의무의 유예다. 유예의 이유를 이행 관점은 '준비'에, 청년문화 관점은 '실험'에 둔다. 성인이 되기 위한 준비를 위해서, 또는 나름의 삶을 실험할 수 있는 기회를 제공하기 위해서 사회적 의무를 유예하는 것이다. 하지만 우리 시대의 조급함은 유예를 인정치 않는다. 무엇보다 오늘날 자본은 성마르다. "장기적인 경영 실적보다 단기적인 성과"를 원하는 "성마른 자본impatient capital"은 "더 빨리 〔더〕 많은 수익"을 원한다.[18] 그렇기에 "미국 연기금의 평균 주식 보유 기간은 1965년 46개월에서 2000년 3.8개월로 크게 줄었다." 더 빨리 더 많은 수익을 채근하는 조급한 자본은 기업 조직의 체질도 변화시켰다. 의사 결정이 더디고 경직된 기업은 자본의 조급함을 감당할 수 없다. 유연하고 역동적이며 빠른 기업만이 살아남을 수 있다. 1960년대 미국 자동차산업의 경우, 경영진의 의사 결정이 자동차 판매 현장에까지 전달되는 데 평균 다섯 달이 걸렸지만, 요즘은 2주 정도로 줄었다.

조급함은 학교로도 침공했다. 과거에는 기업이 교육

기관이 생산한 노동력 상품에 토 달지 않았다. 하지만 몇몇 대학에 설치된 기업의 주문형 학과, 예를 들어 삼성 반도체 학과가 증명하듯이, 기업은 자신들이 원하는 상품을 학교에 매우 구체적으로 주문하고 학교는 그에 부응하여 맞춤형 인재를 생산한다. 조급해진 학교는 학생에게 더 이상 준비와 실험과 미래의 모색 따위를 허락지 않는다. 젊은이들은 그에 상응하여 미래를 설계하는 방식도 바꿨다. 1970년대와 2000년대 청년의 직업 설계를 비교한 연구에 따르면, 오늘날 젊은이들의 조급함이 여실히 드러난다. "30년 전의 젊은이들은 장기적인 전략에 기초한 반면, 요즘 젊은이들은 당장의 전망을 중시했다."[19]

성마른 자본과 기업과 학교와 청년은 제각기, 그러나 함께 사회와 청년의 관계를 새롭게 규정한다. 20세기 청년이 모라토리엄으로써 보호받아야 하는 발전 모형일 수 있었던 까닭은, 상징적으로 청년이 미래를 담당할 것이라는 동의가 있었기 때문이다. 동의는 깨졌고 모라토리엄도 더 이상 유효하지 않다. 성마른 자본과 기업은 노동 현장에 투여할 수 있는 즉시 전력戰力을 원한다. 학교에 맞춤형 인재를 주문하고, 그마저도 성에 안 차면 경력직을 채용한다. 국내에 없다면 외국에서 수입하면 된다. 로타어 뵈니슈는 이렇게 말한다. "모든 청년들의 대규모적인 자격과 노동에 더 이상 의존하지 않는 현재의 노동 사회에서 청년은 더 이상 진보와 갱신의 상징적 표현이 되지 못하며, 경제적이며 기술적인 사회의 자체 동력이 그 자리를 차지하게 되었다."[20] 그렇게 "청년의 가치가 하락"했다. 그렇게 '청년=미래'의 등식도 해체되었다.

물론 청년이 언제나 미래와 동일하게 취급받지는 않았다. 근대가 열리면서 새롭게 등장한 청년은 사회의 집합적인 희망과 우려를 동시에 받았다.[21] 한편에서 청년은 에너지와 삶의 기쁨, 자연스러움, 새로운 출발, 혁신, 희망을 표현한다. 한국을 포함한 서구 사회에서 나타나는 젊음에 대한 숭배cult는 그러한 집합적 소망의 표현이다. 다른 한편 청년은 우려의 대상이었다. 성인들은 젊은이들이 사회의 기본 가치를 송두리째 뒤흔들 수 있다고 두려워하고 염려한다. 혹시 그들이 사회가 요구하는 역할들을 거부하지 않을까. 공동의 삶을 해치는 일탈, 범죄, 방종, 나태에 빠지지 않을까. 결국 근대 사회는 청년을 양가적으로ambivalent 평가한다. 더 나은 미래를 개척할 주체이자, 사회 전체를 나락으로 빠뜨릴 수 있는 위험 요인으로. 그 결과가 서로 대립하는 청년상이다.

청년에 대한 대립된 평가는 사회적·역사적 진공 상태에서 비롯하지 않았다. 독일의 청년 용어가 이를 잘 보여준다. 오늘날 '청년Jugendliche'은 계급이나 젠더 차이에 상관없이 쓰이지만, 예전에는 그렇지 않았다.[22] 18세기 말부터 사용되던, 귀엽고 사랑스런 함의가 담긴 "젊은 녀석들Jünglinge"은 "기독교를 믿는 시민계급의 젊은 남성들," 특히 김나지움 남학생을 지칭하는 말이었다. 19세기 말부터 상대적으로 중립적인 "젊은이들Jugendliche"이라는 호칭이 추가되었다. 이 용어는 애초 노동계급의 남성 청년들을 위한 것이었다. "젊은이들"은 법률적, 특히 형법의 의미에서 "잠재적 범죄자인 타락한" 자를 지칭할 때 많이 쓰였다. 말하자면 계급 차이에 따라 청년은 미래의 희망과 우려로 구별되었다. 미래의 희망은 시민계급의 청년이, 노동계급의 청년은 미래에 대한 우려를 담당하였다.

한국의 사정도 이와 비슷하다. 20세기 들어 근대로 진입하고 나라의 주권을 상실하는 과정에서 청년은 "미래에 대한 낙관과 희망의 상징으로 정착해갔다."[23] 구체적으로는 "문명의 유도자이며 사회를 혁신"하는 역할이 부여되었다. 물론 그러한 청년은 현실이라기보다 이상이었고, 극소수의 엘리트 청년(유학생 및 학생)만을 겨냥한 것이었다. 일본의 식민지로 전락하는 과정에서도 희망의 예봉은, 비록 모양이 달라졌지만, 그 날카로움을 적어도 1920년대 중반까지는 유지하였다. 그러나 1930년대 이후부터 청년은 우려의 대상이 되었다. "청년이 문제 해결의 주체에서 문제 그 자체로, 사회를 이끌어갈 존재에서 사회가 해결할 고민거리로 전락"하면서 "'지도자, 명의名醫'"의 지도와 치료가 필요한 존재가 되었다. 특히 1930년대 중반부터 "사적인 문제에 몰두"하는 지극히 "속류화"된 신세가 되었다. "속류화된 청년이란 자신의 문화와 가치를 실현하기보다는 기존의 가치관, 특히 국가권력이 제시하는 가치관에 매몰되는 존재였다."

해방 이후 오늘날에 이르기까지 청년은 희망과 골칫거리, 주체와 객체의 배역을 번갈아 맡아왔다. 또 한 가지 지적할 사항은 계급의 문제다. 중간계급의 자녀들은 주로 희망의 관점에서 관찰되지만, 하층계급 자녀들은 문제의 원인으로 관심을 받거나 애초부터 관심에서 제외된다. 정수남 등이 지적한 바처럼, 한국의 그 흔한 청춘론들은 빈곤한 하층 청년을 "'청춘' 밖의 청춘"으로 배제하고 격리한다.[24]

사회의 문제가 되어버린 청년은 능동성의 유무로 갈린다. '수동적 문제'와 '능동적 문제' 청년이 그것이다.[25] 문제 청년은 수동적이든 능동적이든 상관없이 모두 사회를 위협한다는 점에서 같지만, 위험에 내던져진 청년과 사회를 위협하는 청년에게 같은 정도의 책임을 물을 수는 없다. 당연히 능동적으로 문제를 일으키는 후자가 더 큰 책임을 져야 한다. 위험에 내던져진 청년, 곧 수동적 문제 청년은 배려의 대상이다. 배려는 그들을 문제로 만들어낸 사회 요인들을 겨냥한다. 그와 달리 위협하는 청년, 즉 능동적 문제 청년은 사회적으로 배제하고 격리해야만 한다. 이유는 두 가지다.

첫째, 자신에게 책임이 있기 때문이다. "'통제하기 어렵고' '이질적이고' '해로운,' 따라서 가까이 할 수 없는 〔……〕 그들을 구제할 수 없는 이유는 그들이 병든 삶을 선택했기 때문이다."[26] 자발적으로 쓰레기가 된 사람까지 구할 만큼 사회의 여력도 없거니와 소용도 없다. 둘째, 경제적으로 효율적이기 때문이다. 사회에 물질적·인적 쓰레기가 넘친다. 마치 물질적 쓰레기의 재활용 여부가 비용에 달린 것처럼, 인간쓰레기도 마찬가지다. 재활용하기에 너무 많은 비용이 드는 인간쓰레기는 "버려져도 무방하"다.[27] 따라서 관심은 수동적 문제 청년에게 집중된다.

수동적 문제 청년은 특히 세대 전쟁론자들에게 함의가 크고 중요하다. 왜냐하면 순진무구한 청년들이 탐욕스러운 노인들의 이기심으로 고통을 겪고 있다는 현실 인식을 통해, 자신들의 (신자유주의적) 혁명을 합리화하고 정당성을 얻고자 하기 때문이다. 고통을 당하는 청년의 순진무구함은, 고통을 주는 노인의 더러운 탐욕을 부각하는 중요한 장치다. 청년의 고통과 노인의 혜택이 클수록, 청년의 수동적 순진무구함과 노인의 능동적 탐욕이 대조될수록 세대 전쟁론의 주장, 곧 청년을 위해 노인들의 특권과 그것의 버팀목인 제도와 규제와 기득권을 파괴하고 제거해야 한다는 주장이 힘을 받는다.

청춘을 빼앗긴 청년

청년성은 청년의 전유물이 아니다. 청년이 청년성을

잃어버릴 수 있기 때문이다. 반대로 청년성이 청년을 소외시킬 수도 있다. 이기훈에 따르면, 식민지 조선의 1920년대 "문화운동론자"들은 연령과 상관없는 청년의 특성에 주목했다.[28] "1920년대 초반, 급격히 확산된 청년회"의 "임원들은 대체로 지역사회에 영향력〔을 행사했던〕 지주나 자본가이거나 지식인들이었다." 그래서 "청년 아닌 청년이" 청년회의 주도권을 장악하는 경우가 많았다. 말하자면 청년과 노년의 구분은 '연령'이 아니다. 적극적이고 능동적인 "진보 세력을 대표하는 자가 청년이요, 〔정적이고 수동적인〕 보수 세력을 대표하는 자는 노년"이다. 그래서 나이와 상관없이 적극적이고 능동적인 사람들이 청년회의 임원이 될 수 있었다. 요컨대 "문제는 '청년이란 누구인가'가 아니라 '청년은 무엇을, 어떻게 해야 하는가'로 집약됐다."

청년성과 청년의 탈골은 오늘날에도 재현, 아니 더 강화되었다. 청년성은 잃었는데 연령은 청년인 사람이나 청년보다 더 청년다운 중년·노년이 그 예다. 나이에 상관없이 청년다워야 한다는 것은 새로운 시대를 살아야 하는 자들이 갖춰야 할 덕목이다. 오늘날 우리를 공포에 떨게 만드는 것은 '내가 아무짝에도 쓸모없구나'라는 "무용성의 유령"[29]이다. 쓸모가 없다는 판결은 모든 사회적 관계, 예를 들어 직장, 친구 및 연인 관계, 심지어 가족에서 퇴출될 빌미가 될 수 있다. 리처드 세넷에 따르면, 새로운 자본주의의 이상적인 노동자는 "기존의 현실을 포기하고 익숙한 것에서 벗어날 수 있"어야 한다. 경험을 쌓고 그것을 "통해 배우고 익힌 것이 아니라 새로운 뭔가를 할 수 있는" 능력이 관건이다. 기술의 짧아진 유효 기간을 생각하면 실감이 난다. 지속적으로 학습하지 않으면 업계의 수준을 따라갈 수 없다. 경험이 많을수록 오히려 그 가치가 떨어진다. 예전의 경험이 새로운 것에 대한 빠른 적응을 방해할 수 있기 때문이다. 기존의 것, 익숙한 것, 경험을 통한 학습은 쓸모가 적다. 기왕의 것과는 다른 새로운 것을 할 수 있는 자질과 능력이 관건이다. '청년성'이 바로 그러한 자질과 능력이다.

당연하게도 모든 청년이 청년성을 지닌 것은 아니다. 그것이 없는 자들은 도태·배제·격리되어 마땅하다. 다만 그러한 청년다움에는 앞서 말한 두 가지 대립적인 속성, 즉 문제와 희망의 속성이 도사리고 있다. 문제적 요소는 버리고 희망의 요인은 키워야 한다. 해리 블래터러를 따라 청년다움의 두 요소를 "사춘기adolescence"와 "청년성youthfulness"으로 구분할 수 있다. 사춘기는 무책임함, 반항심, 비합리성, 예측 불가능성, 이기적 특성과 같은, 일반적으로 "사춘기적 특성"이라 불리는 바람직하지 않은 것인데 반해, 청년성은 "기백과 열정, 유연성과 기동성, 위험을 감수하고 임기응변적이며 실험적인 성향, 창의성과 변화에 대한 갈망, 상황적 삶과 현재 지향성, 최첨단의 노하우, 유행에 민감함, 그리고 아름다움"과 같은 바람직한 것이다.[30] 청년성을 상실한 청년은 '사춘기적 청년'일 뿐이다. 청년다움의 희망적 요소를 지니지 못한 자들은 문제거리일 뿐이다. 나이에 상관없이 청년다운 사람은 "변화에 개방적이지만 책임감이 있고, 현재를 중히 여기지만 안정된 미래를 위한 투자에도 게으르지 않고, 성숙하지만 안주settled하지 않으며, 즉흥적이되 원하는 것을 명확히 아는, 말하자면 성인답지만 정착settling down을 회피하는 존재다." 수동적 문제 청년들은 곧 청년답지 못한 청년, 곧 사춘기 청년의 또 다른 이름이다.

나이에서 자유로워진 청년성을 취할 수 있는 방법은 두 가지다. 앞에서 살핀 바처럼 청년성은 돈을 주고 살 수 있는 상품이기도 하거니와, 식민지 조선의 문화운동론자들이 강조한 것처럼 청년다운 태도를 취하고 청년스러운 활동을 수행하는지에 달려 있다. 그래서 블래터러는 다음과 같이 말한다. "노동 시장과 상품 시장은 청년성을 그것의 생물학적이며 나이와 연관된 경계로부터 '해방'시켰다." 자신의 노동력을 노동 시장에 내다 팔기 위해서 또는 기업의 선택을 받기 위해서는 자신이 쓸 만한 인력임을 보여주어야 한다. 나이가 많은 사람은 자신의 구태의연함을 감추고 생기발랄함을 과시해야 한다. 젊은이의 경우, 자신의 청년다움을 뽐내되 사춘기적으로 보이지 않기 위해 성숙함도 가미해야 한다. 노화와 싸우는 안티에이징 상품이나 아름다운 외관을 겨냥하는 라이프스타일 상품은 모두 실제 젊은이들의 삶에서 청년다움을 분리해내, 만인이 소비하고 향유할 수 있도록 변화시킨 것이다. 상품의 소비는 청년 같은 육체를 유지하거나 이미 늙었더라도 다시금 재활시키는 미학적 약속이다. 요컨대 청년성은 만인이 취할 수 있는 상품이자 취해야만 하는 윤리적 가치다.

청년성이 만인이 탐하는 상품이자 좇아야만 하는 가치가 되어버렸다는 것은, 곧 청년성이 더 이상 청년의 독점물이 아니라는 것을 말한다. 젊은이로부터 청년성이 해방됨으로써, 청년은 청춘을 빼앗기고 노인은 청춘을 강요받는다. 사춘기 청년에 대한 관심이 커진 것은 그러한 사실의 반영이기도 하다. 앞서 말한 바처럼 사춘기 청년들이 세상에 가득하다. 서구의 사정도 만만치 않겠지만 우리네 사정도 심각하다. 낮은 출산율, 높은 주거비용, 고용 불안의 측면에서 다른 OECD 회원국을 압도한다. 낮은 출산율은 부모 되기를 방해하고, 높은 주거비용은 독립생활을 어렵게 하며, 고용 불안은 안정적 직장을 취득하기 힘들게 만든다. 이는 곧 한국의 청년들이 다른 회원국의 동료들보다 청년다운 청년이 되거나 청년다운 성인으로 성장할 기회가 극히 적다는 것을 말한다. 한국의 청년들은 사춘기 청년으로 지체되면서 성인으로 인정받지 못하는 형편이다.

사춘기 청년은 세대 전쟁의 훌륭한 명분이다. 물론 명분일 뿐이다. 세대 전쟁의 해결책은 승자가 편취한 패자의 몫을 승자로부터 박탈하기 위해 그들 특권의 근간인 제도와 규제와 기득권을 창조적으로 파괴하자는 것이지만, 그러한 개혁이 실제로 원하는 결과를 만들어낼지에 대해서는 매우 의심스럽다. 앞으로 살피겠지만, 기성세대나 노년 세대를 겨냥하는 세대 전쟁론적인 개혁의 예리한 창은 문제의 구조적 원인, 예컨대 자본, 기업, 그에 기생하는 정치 권력과 같은 원인들을 겨누지 않는다. 그런 탓에 세대 전쟁론이 내세우는 청년에 대한 배려는 말잔치에 불과하고, 더 나아가 청년에 대한 선입견이나 편견, 차별을 강화하는 데 기여한다. 연령에 따른 선입견이나 편견, 그에 근거한 차별을 지칭하는 용어로 '연령주의' 또는 '노인 차별주의'가 있지만, 이는 주로 노인을 조준하기에 청년에 대한 차별을 명확히 지칭하는 용어가 필요하다.

지그문트 바우만과의 대담에서 리카르도 마체오는 "소아 혐오paedophobia"[31]라는 표현을 쓴다. 소아 혐오, 풀어 말해서 젊은이에 대한 공포는 그들을 혐오하거나 두려워한다는 뜻이라기보다, 개인의 생존도 버거운 마당에 그들을 사회가 배려할 수 없다는 것이다. 같은 곳에서 바우만은 젊은이에 대한 공포를 "젊은이들을 또 다른 사회적 부담으로 여기는 시각"이라 풀어낸다. 이미 버거운 삶을 짓누르는 불필요한 부담이나 책임을 경계하고 회피한다는 뜻이다. 그러한 결과로 나타난 것이 청년 차별주의다. 바우만이 보기에 "'청년 문제'의 쟁점은" 청년을 소비자로만 대할 뿐, 그와 관련한 "다른 문제들은 한쪽으로 밀려나거나 정치·사회·문화적 의제에서 몽땅 증발"된다는 것이다. 모라토리엄의 위축이나 파괴가 그 예가 될 것이다. 미래를 책임질 젊은이들에 대한 사회적 관심이 사라졌다는 것이다.

청년 차별주의는 청년의 성장을 지켜볼 수 없고, 미래의 이익보다 현재적 이윤이 더 중요한 성마른 시대가 만들어낸 결과다. 미래와 희망이 청년에게서 해방되고, 더불어 청년성이 청년에게서 탈골된 결과이기도 하다. 그로 인해 청년에게 내재된 희망과 문제의 대립이 해소된다. 청년은 희망으로부터 소외되고 문제적 존재로만 남게 된다. 청년성을 상품으로 소비하고 라이프스타일로 장착한 어른들이 청년의 과업을 더 잘 수행할 수 있기 때문이다. 가치와 상품으로서 청년성은 숭배되지만, 실제 청년에 대한 차별과 배제는 커지는 형편이다. 성마른 세상에서 청년은 가난하고 연약하고 의존적이며, 게다가 과거의 공적도 없으니 도움받을 자격도 없는 부담일 뿐이다.

지그문트 바우만의 이야기로 마무리하자. "젊은이들을 또 다른 사회적 부담으로 여기는 시각이 퍼지면서 이들은 더 이상 더 나은 미래를 약속하는 담론에 포함되지 않게 되었다. 대신 이제 이들은 처분 가능한disposable 〔……〕 인구의 일부로 간주된다."[32] 즉시 전력감도 아니고 미래도 열 수 없는, 단지 사회적 부담에 불과한 청년은 처분 가능한, 곧 한 번 쓰고 버릴 수 있는 소모품일 뿐이다. 소모품일 뿐인 청년을 위해 나선 자들이 있다. 바로 세대 전쟁론자들이다.

4

4장 세대 전쟁

—청년 대 기성세대의 대결

4

'세대 전쟁'은 국가가 제공하는 재원이나 사회적 기회(예컨대 일자리)를 둘러싼 세대들의 다툼, '세대 전쟁론'은 그러한 세대 전쟁에 대한 주장들을 통칭하는 말이다. 세대 전쟁론은 두 차원으로 구분된다. 내용과 수사rhetoric다. 세대 전쟁론에 대한 학술적이며 대중적인 텍스트의 출현 시기를 1980년대 중반으로 볼 수 있는데, 그 내용과 수사는 현재까지도 시간과 공간의 차이를 반영할 뿐 골격과 전개의 양상이 큰 변형 없이 되풀이된다. 미국이나 중부 유럽의 얘기가 한국의 얘기로 번안되고, 예전의 주장이 오늘의 주장으로 반복된다.

세대 전쟁론을 구성하는 내용적 요소들은 크게 네 가지다. 인구학에서 추출한 저출산·고령화, 정치학에서 차출한 노인의 지배, 경제학에서 비롯한 세대 회계와 형평성이다. 마지막 요소가 복지국가 세대다. 세대 전쟁을 수행하는 주역인 복지국가 세대는 일차적으로 세대들의 자기주장보다 분류에 의해 생겨난다. 앞선 표현으로 말하면, 경험이나 정체성에 근거하기보다 나이에 따라 구획된 연령 세대다.

세대 전쟁론의 흥미로운 지점은 그것의 레토릭이다. 세대 전쟁론의 인기 비결이 내용보다 레토릭에 있기 때문이다. 주장을 주목받게 만들고 그것의 설득력을 높이며 믿을 만한 것으로 보이게 만드는 전달 방법인 수사학도 시간과 공간의 차이를 불문하고 큰 변화 없이 일관된 모습을 유지한다.

1. 세대 전쟁론의 네 가지 요소

저출산·고령화

모든 세대 전쟁론자들은 전쟁의 진원지를 저출산·고령화로 본다. 인구가 줄고 늙어가는 현상은 크게 네 가지 문제를 키운다.

첫째, 국력 추락이다. 인구가 감소하는 국가는 군사적 또는 정치적 힘을 잃게 된다. 젊은이의 수가 준다는 것은 군인 내지 유사시 군인으로 동원될 수 있는 병력 자체가 쪼그라듦을 뜻한다. 유럽연합의 협약을 보더라도 '인구수=국력'임을 알 수 있다. 소속 국가의 투표 권리는 각 인구의 규모에 상응해서 달라지기 때문이다.

둘째, 성장 동력의 상실이다. 인구가 줄면, 노동 인력이 줄어들고 소비자의 수 역시 감소한다. 노동 인력과 소비력 감소는 시장을 붕괴시킨다. 먼저 빈집이 늘면서 부동산 시장이 무너지고, 일반 소비 시장도 타격을 입게 된다. 뒤를 이어 경기 침체가 장기화되고, 경제 공황으로까지 이어질 수 있다. 더불어 독일과 일본에서 이미 시작된, "지방 소멸"이 걱정이다. 지방의 청년들이 도시로 이주함으로써 지방이 소멸된다. 결국 인구 감소는 국가 성장의 동력을 훼손하는 차원을 넘어 국가 존립 자체를 위협한다.

셋째, 부양비가 크게 상승한다. 부양비는 생산연령인구에 대한 비생산연령인구의 비를 뜻한다. 돈 버는 사람의 입장에서 보면 부양의 방향은 두 가지다. 부모를 부양하거나 아이들을 양육한다. 저출산·고령화 시대에 부양 부담이 어디에서 올지도 명백하다. 줄어드는 아이들이 아니라 늘어나는 고령자들이다. 생산 활동에 참여하지 않는 고령층이 생산에 참여하는 연령층의 어깨를 짓누른다.

넷째, 혁신 능력이 약화된다. 노인들의 적응력이 상대적으로 떨어진다는 것은 주지의 사실이다. 고령화와 함께 인구수의 감소도 사회의 혁신 능력을 전반적으로 약화시킨다. 혁신을 담당할 젊은 층이 줄어서이기도 하지만, 잠재력이 고갈될 수도 있기 때문이다. 일단 수가 주니까 혁신을 담당할 잠재력도 줄어든다. 교육비용의 측면에서도 문제가 생긴다. 늙은 인력을 재교육시켜서 변화에 대응하기보다, 새롭게 양성된 어린 노동자들이 더 수월하게 혁신을 이룰 수 있다. 젊은이가 줄고 늙은이가 많아지면 교육비용도 커진다.

인구가 줄면서 사회적 긴장도 높아진다. 무엇보다 정치적 긴장이 커진다. 정치는 재화의 분배, 곧 '누가, 무엇을, 언제, 어떻게 취할 것인가'를 결정한다. 생산에 참여하는 사람이 적어지면, 전체 재화의 양이 줄어드는 것은 당연지사. 자신의 몫을 키우려는 이해 당사자인 연령층의 목소리가 커질 수밖에 없기에 정치적 긴장이 커진다. 정치적 전선은 길고 두텁다. 갈등이 벌어질 사안들을 나열하면 다음과 같다.

국가 재정의 분배(고령 수당이냐 양육 수당이냐), 임금생활자와 비임금 생활자, 인구 수축에 대한 대안으로 '수입'된 이주민과 원주민, 아이가 있는 가정과 그렇지 않은 가정(예컨대 싱글세: 후에 상술), 대도시와 지방(인구수의 차이에 기인한 인프라와 관련된 분쟁)…… 결국 총합적으로 세대들이 다툴 여지가 커진다. 길고 두터워진 세대 전선은 파국을 가져올 수 있으므로, 그에 도달하지 않기 위해 힘써야 한다. 그런데 이것을 방해하는 세력이 있다. 자신의 몫을 양보하지 않으려는 이기적 노인들이다.

노인의 지배

세대 전쟁론은 노인의 지배에 맞서 전쟁을 선포하는 것이다. '노인의 지배'는 세대 전쟁론의 정치 이론, 즉 세대 전쟁이 불가피하도록 만든 정치적 상태를 진단하는 이론이다. 세대 전쟁론에서 노인의 지배는 "시니어 권력 모델"[1]이라는 이름으로 불린다. 시니어 권력 모델은 네 가지 사항을 전제한다. 첫째, 노인이 투표자의 다수를 이룬다. 둘째, 노인들은 모두 국가에서 챙길 수 있는 자신의 몫, 즉 노인으로서 가질 수 있는 혜택(연금이나 의료 혜택 또는 지하철 무료 이용 등)을 명확히 인식한다. 셋째, 노인들은 정치적 태도와 행동에서 동질적이다. 노인과 마찬가지로 동질적인 청년과 충돌할 수밖에 없다. 넷째, 노인들의 이익을 대변하는 단체의 영향력이 매우 클 뿐만 아니라 자신들에게 유리한 정책을 수립하도록 정당이나 정치인을 핍박할 수 있는 행동력을 지니고 있다.

물론 시니어 권력 모델은, 세대 전쟁론이 그러하듯 현재보다 미래를 조준한다. 불길한 미래의 예언자들이 쌓이고 널렸지만, 이름값이나 주장의 명료함에서 MIT 경제학 교수 레스터 서로가 최고다. 그는 1996년 『뉴욕 타임스 매거진』 칼럼에서 "어떤 혁명적 계급의 탄생"을 알렸다.[2] 민주주의 정부는 투표로 선출된다. 따라서 투표권자의 뜻을 따라야 한다. 투표권자의 다수를 노인들이 곧 차지할 것이다. 아직은 노인들이 다수가 아니다. 아직 기회는 있다. 그들이 다수가 되기 전에 필요한 조치들, 즉 탐욕스런 노인들이 국가 재정을 약탈하기 전에 국가의 장기적 미래를 위해 필요한 조치들이 취해져야 한다. "가까운 미래에 계급 전쟁은 빈자와 부자의 대결이 아니라 젊은이와 노인의 싸움으로 다시금 정의될 것이다."

노인의 지배가 저출산·고령화에서 비롯한 파국을 현실화할 것이다. 왜냐하면 그들은 이기적이기 때문이다. 이기적 노인에 대한 경각심을 모든 세대 전쟁론자들이 공유하지만, 역사적 상황과 사회경제적 처지에 따라 이기적 노인은 다른 모습으로 등장한다. 특정 세대의 이기심에 특별히 주목한 사람은 뉴질랜드의 사회사가 데이비드 톰슨이다. 그는 복지국가 체제의 정립이 특정 세대의 이기심에서 비롯했다고 주장한다. 그래서 그는 그들을 "이기적 세대"라고 불렀다.[3] 뉴질랜드의 경우 특별히 이기적인 세대(1920~1945년생, 특히 1930년생)가 자신들의 생애 단계에 적절한 복지 정책들을 창출하였다. 자신들이 가족을 이룰 때 가족수당을, 출산했을 때 아동수당을, 집이 필요할 때 주거수당을, 연금 수혜자가 되는 시기에 맞춰 연금을 올리는 식이다. 톰슨 본인은 자신의 주장이 일종의 '세대 음모론'으로 보일 수 있다는 점을 경계하지만, 그러한 혐의는 매우 짙다. 톰슨은 이기적 세대가 특정 생애 단계를 지날 때마다 그에 연동되었던 복지 혜택이 축소되거나 소멸되었다는 사실에 독자들이 주목하게끔 책을 썼다. 어쨌든 그의 결론은 책의 부제(복지국가의 노화)가 말하듯이, 그들이 늙어가면서 복지국가도 노쇠해간다는 것이다.

노쇠한 복지국가의 정치는 장로제로 운영된다. 그러나 뉴질랜드만 그런 것이 아니다. 저출산·고령화를 겪거나, 곧 그럴 예정에 있는 민주주의 국가의 정치는 장로제로 운영될 공산이 크다. 이는 세 가지 점에서 그렇다. 첫째, 인구의 고령화가 진행되면 노인의 수가 많아진다. 정당, 정부 그리고 노동조합과 같은 이익집단의 대표자가 노인일 가능성도 함께 높아진다. 둘째, 민주주의에서 결정은 선거로 이뤄지기에 어떤 집단이 다수가 되는지가 중요하다. 지금의 추세로 보면 노년 세대가 정치적 다수가 되는 것은 자명하다. 국민들이 선거를 통해 직접 결정하거나, 그들이 선거로 뽑은 대표자들이 결정한다. 대표자가 노인일 가능성이 많을 뿐만 아니라 노인들의 투표 참여가 다른 연령층에 비해 높다는 것을 생각하면, 노인들의 의사가 민주적 결정에서 매우 중요한 요인이 될 수밖에 없다는 것은 자명한 일이다. 셋째, 국민의 복지는 모든 발달한, 동시에 저출산·고령화된 국가가 지향하는 바다. 말하자면, 노인의 수가 많고 의사 결정이 선거를 통해서 이뤄지며 복지가 중요한 국가의 의제라는 점을 가정할 때 장로정長老政, 즉 노인의, 노인에 의한, 노인을 위한 정치가 활성화되는 것은 필연이다.

세대 전쟁론자가 장로정을 비판하는 이유는 다양하다. 경제적 이유, 재정적 이유, 그리고 국가 존속의 이유도 있지만, 가장 중요한 이유는 장로정이 정의롭지 못하다는 것이다. 각 세대가 동일한 사회정책적 대우를 받지 못하기 때문이다. 즉, 세대 차별적이기 때문이다. 세대 형평성이 시급한 사회문제가 된다.

세대 형평성과 세대 회계

세대 형평성을 훼손하는 세대 차별은 세대 계약을 위협한다. 다름 아닌 '복지국가'를 세대 계약의 결과물로 볼 수 있다. 연금 및 사회보험과 관련해서 말하면, 돌봐야 할 인구 집단인 노인을 현재의 경제활동인구가 책임지는 부과 방식은 세대 계약을 실행하는 전형적 방법이다. 저출산·고령화라는 트렌드에 이기적 노인의 지배에 따른 세대 차별적 복지 정책이 덧대어지면서, 현재의 경제활동인구의 부담이 극도로 커진다. 그러한 사태는 경제적으로나 규범적으로 올바르지 못하다. 정치, 즉 사회 재화의 분배가 정의로운지를 따지는 측면에서도 문제가 있다. 세대 전쟁론의 정치 프로그램인 세대 형평성은 정의롭지 못한 세대 차별을 조준한다.

세대 차별로 이익을 본 자들은 승자 세대, 손해를 본

자들은 패자 세대다. 톰슨의 표현을 빌리자면, 승자 세대인 노인들은 풍족한 연금 덕에 사치스런 여행을 떠나지만, 막대한 연금을 채워주느라 경제적 스트레스에 시달리는 패자 세대인 젊은이들(1950~1975년생, 특히 1955년생)은 자살하거나 범죄를 저지르게 되었다. 이렇듯 승자와 패자 세대로 나뉘는 것이 부당하다고 문제를 제기하는 것이 '세대 형평성,' 그리고 그것의 경제학적 근거가 '세대 회계 generational accounting'다. 세대 회계는 복지국가가 특정 세대를 우대하거나 차별하는지를 보여주는 분석 방법이다. 세대 회계는 "각 세대의 대표적인 개인이 현시점부터 잔여 생애 기간 동안 부담할 순조세 부담, 즉 조세 부담 금액에서 정부로부터 받을 이전수입을 차감한 금액의 현재 가치를 의미한다. 따라서 세대 회계는 현행 재정 정책이 향후 재정 수입과 지출에 미칠 영향과, 이 결과로 나타날 현재 세대와 미래 세대의 재정 부담을 산출하는 데 유용한 방법이다."[4]

간략히 말해서 세대 회계는 한 세대의 투입-산출 관계를 다른 세대의 그것과 비교해서 형평성 여부를 따진다. 한 세대가 다른 세대보다 더 가져간다면, 그것은 형평성에 어긋나는 세대 착취다. 서구 복지국가들에 대한 세대 회계 연구들은 공통적으로 고령 출생 코호트(출생연도가 같은 사람들을 지칭하는 말)가 우대받는다고 보고한다.[5] 그들이 과거에 사회보장체제에 투입한 기여보다 현재 받는 급여가 더 많다는 것이다. 이에 근거하여 세대 전쟁론은 고령자의 이익을 위해 음모를 꾸미고, 이를 장로정이 실행한다고 주장한다. 이기적인 세대의 공모는 연금이나 사회보험과 같은 복지 정책에 한정되지 않는다. 그들의 조율된 '액션'은 전방위적이다.

복지국가 세대

세대 전쟁을 치르는 이들을 복지국가 세대welfare-state generation라 부른다. 복지국가 세대는 그 세대의 집합적 숙명이 복지국가의 활동으로 규정되는 세대다. 예로부터 세대가 형성되는 데 중요한 역할을 했던 "전쟁, 혁명, 인플레이션 같은 분기점들보다는 오히려 연금 개혁, 교육 개혁, 사회보조 개혁을 통한 법제화가" 더 중요해졌다.[6] 앞서 '생애 과정의 제도화'로 설명했던 것처럼, 복지국가 세대는 비슷한 나이의 사람들이 삶의 중요한 제도적 관문들을 함께 행진한 결과다. 즉 사회정책 대상자의 자격을 결정짓는 나이에 따라 분류된 것이 복지국가 세대다. 그것은 의무교육 연령에 있는 아이들이나 고령 연금의 대상이 되는 어르신들을 각각 하나의 세대로 묶는다. 그렇게 분류된 세대의 구성원들은 나이 이외에 공통점이 없다. 더 정확히 말해서 다른 공통점은 안중에도 없다. 중요한 것은 연령뿐이다.

복지국가 세대는 크게 세 가지로 나뉜다. 첫째, 어린이와 청소년·청년이 속한 양육 세대다. 그들은 아직 교육 중이거나 본격적으로 노동 시장에 진입하기 위한 준비 단계에 해당하는 연령층이다. 둘째, 생산 세대다. 생산에 참여할 수 있는 연령 단계에 속한 세대다. 그들은 양육과 부양의 부담을 동시에 지는 연령층이다. 셋째, 부양 세대다. 생산 세대의 시기를 뒤로한, 이제 생산 세대의 부양을 기대하는 어르신들이 그에 속한다. 생산과 소비 역할에 따라 이들을 분류할 수 있다. 양육 세대와 부양 세대는 소비자 역할을 한다. 물론 현격한 차이가 있다. 부양 세대는 철저히 소비자다. 그들에 대한 투자는 후일 돌려받을 수 없는 낭비에 불과하다. 그에 반해 양육 세대는 미래의 생산 세대다. 이들을 위한 투자는 생산을 준비하는 소비이며, 그러한 투자는 당연하며 정당하다. 생산 세대는 생산에 참여하면서 양육과 부양이라는 이중 부담을 진다. 역할 구분으로 세대 전쟁의 전선이 다시금 분명해진다. 양육 세대와 생산 세대는 패자 세대, 부양 세대는 승자 세대가 된다.

승자 세대를 공격하기 위해 세 가지 무기가 쓰인다. 첫째, 탐욕스런 그들의 비도덕성을 폭로하는 것, 둘째 발전 불가능성, 셋째, 지속 불가능성이다. 저출산·고령화라는 거대한 추세에 따라 다수가 된 그들의 착취가 제어되지 않아서 발전이 불가능하게 되었다는 것이다. 그러한 논의에서 흔히 활용되는 표현이 바로 '지속 가능성'이다. 미래를 고려치 않는 탐욕스런 노년 세대가 자신들의 안녕을 위해 현재의 자원, 국가 재정은 물론이고 환경 자원(화석 연료)을 남획한다. 현재의 양육 세대, 즉 미래 세대를 위해서라도 그들의 남획을 저지해야 한다.

지금껏 논의한 세대 전쟁론의 내용을 요약하자. 저출산·고령화가 진행되면서 국력이 추락하고, 성장 동력을 상실하고, 부양비가 늘고, 혁신의 잠재력이 고갈된다. 이기적이고 탐욕스런 노인들이 수적 우세에 기초하여 권력을 쥐고 자신들에게 유리한 정책을 관철시켜서 세대 계약을 유린한다. 이를 세대 회계를 통해 '계산'하고 입증할 수 있다. 자신이 투입한 것보다 산출이 더 많다면 승자 세대, 더 적다면 패자 세대가 된다. 사회정책의 대상을 가르는 연령에 의해 세대 전쟁의 주역들은 세 가지로 구분되며, 부양 세대는 승자 세대, 양육 세대와 생산 세대는 패자 세대다. 승자 세대인 노인들은 자신들의 안위를 위해 그들보다 어린 젊은이들의 부담을 가중시켜 그들의 삶을 파괴하였다. 더 나아가 미래를 위해 남겨두어야 할 자원들마저 남획함으로써 사회의 지속 가능성을 파괴한다. 패자 세대가 자신들의 세대적 이해를 각성하게 된다면 형평성에 어긋나는 세대 차별, 즉 노인에게 유리하게 기울어진 운동장과 여러 정책들에 반기를 들 것이다. 곧(또는 이미) 세대 전쟁이 시작될 것이다.

세대 전쟁론 비판

세대 전쟁론은 이론적으로나 경험적으로 빈약하다. 세대 전쟁론의 출발점은 이렇다. 저출산·고령화의 결과로 '다수의 피부양자가 소수의 부양자들을 곤란하게 만든다.'

세대 전쟁론자들은 이를 예외적이며 위험한 것으로 생각한다. 그러나 역사적으로 보면 그런 상황이 그다지 새로운 일은 아니다. 독일의 역사학자 토마스 조콜에 따르면, 산업사회가 시작될 무렵 성인 부양자에 비해 어린 피부양자들이 많았다.[7] 이 상황에서 아이들은 생산 활동에 참여함으로써 부양자들의 부담을 줄였다. 세대 전쟁론은 앞으로 노인들이 많아져서 개인적으로나 국가적으로 짊어져야 할 부양 의무가 터무니없이 커질 것이라 경고한다. 그러나 문제가 그렇게 삼엄하지 않을 수 있다. 마치 과거의 아이들이 그랬듯, 노인들이 생산에 적극적으로 참여함으로써 부양 의무가 파멸적으로 늘지 않을 수 있기 때문이다. 실제로 한국은 OECD 국가에서 최고의 실질은퇴연령[8]을 자랑한다.

세대 전쟁론은 부양 세대인 노인들이 하나의 행동 단위로서 자신들의 이해를 실현하는 정치 조직을 구현했다고 본다. 물론 서구 복지국가가 장로제로 운영되고 있다는 테제를 지지하는 연구도 있지만, 주장의 근거가 너무 빈약하다. 유일한 근거는 노인들의 수적 우세뿐이다. 단지 양적인 우위에 터하여 장로제가 실시된다고, 또는 도래할 것이라 예측하는 것은 너무 나이브하다. 이를 지지할 수 없는 가장 중요한 이유는 연령 이외에 고령자들을 하나로 묶을 방도가 없기 때문이다. 고령자들의 상황이 지극히 이질적인데, 그래서 그들의 이해가 각기 다른데, 어떻게 그들이 하나의 정치 단위를 이룰 수 있을까.[9] 물론 미국에서 부양 세대의 이익을 위해 로비 집단이 결성되고 활동하는 것이 확인되지만, 미국과 유럽을 통틀어 노년을 대표하는 이익 단체나 정치 조직이 눈에 보이는 정치적인 역할을 수행한 적은 없다. 한국의 상황은 후에 더 정밀하게 살필 것이다.

세대 전쟁론의 '계산적' 근거는 세대 회계다. 하지만 그것이 가정하듯, 세대의 관계가 그리 간단하지 않다. 세대 회계의 가장 큰 어려움은 복지국가 급여 수혜 여부로 특정 코호트들의 우대나 차별을 파악하기 힘들다는 점이다.

첫째, 세대 회계는 역사 발전의 우연성을 용납지 않는다. 최근 많이 들리는 얘기에 비추어 생각해보자. 전반적인 경제 불황으로 형편이 어려운 청년 세대가 경제 호황기를 살아온 '선배 세대보다 우리가 차별받고 있다'고 생각할 수 있다. 그런데 그게 차별일까. 그것은 단지 운의 문제일 뿐이다. 그들 삶의 조건이 현재 청년들의 그것보다 유리했음을 말할 뿐이다. 그런 운의 차이를 차별이라고 말하려면 다음 질문에 먼저 답해야 한다. 일본 제국주의 침탈이나 한국전쟁을 겪은 어르신 세대가 '후배 세대보다 우리가 차별받고 있다'고 한다면 어쩔 것인가. 다시 말해서, 역사의 우연성을 인정하지 않겠다는 세대 회계의 전제는 경제학자의 상상으로만 가능하다.

둘째, 세대 회계의 단위는 개인이다. 그래서 가족의 중재 역할을 고려하지 않는다. 예컨대 국가가 고령자에게 노인장기요양보험 급여를 제공할 때, 그것은 단순히 고령자 우대가 아니다. 만약 국가가 고령자들을 지원하지 않을 경우, 돌봄 노동은 온전히 해당자의 자녀 몫이 되기 때문이다. 다시 말해서 고령자 지원의 수혜자가 노인 당사자인 것은 맞지만, 그를 돌봐야 하는 자녀 세대들의 부담을 경감하는 것이기도 하다. 연금 역시 마찬가지다. 은퇴자들이 연금을 받을 때 그것을 이기적으로만(호화 유람선 여행) 사용하지 않는다. 그것의 일정 부분이 자녀들에게 이전transfer된다. 이전은 물질적인 것(자녀에 대한 사적인 지원, 유산, 거처 제공)뿐만 아니라 서비스 제공, 예를 들어 손주 세대에 대한 양육 지원까지도 포함한다.

셋째, 보상이 문제라면 가불도 문제다. 앙투안 보미에 등에 따르면, 미국의 경우 세대 회계 산정은 보장보험과 의료보험을 중심으로 삼는다. 그것을 과거 투자에 대한 일종의 보상으로 생각하기 때문이다.[10] 고령자를 조준한 세대 회계 계산이 문제인 이유는 '아직 투자하지 않았지만, 미래에 그럴 것이라 가정하여 가불해주는' 가능성을 무시하기 때문이다. 공교육비 말이다. 국가가 개인에게 지원하는 공교육비는 우리 모두가 "어린 시절에 받았던(가불한) 급여이며 후에 갚아야 하는" 것이다. 이를 고려한다면 '몸이 자주 아파서 건강보험 재정을 붕괴시키거나 또는 아무 일도 안 하면서 연금 재정을 고갈시키는 고령자를 복지국가가 우대한다'는 세대 전쟁론의 주장은 뿌리부터 다시 검토되어야 한다. 거의 모든 나라에서 교육 기간이 지속적으로 연장되었다. 오랜 교육을 받은 세대는 그런 의미에서 적지 않은 돈을 어린 시절에 '가불'한 것이다. 투박하게 말해서, 보상이 문제라면 가불도 문제다. 혹은 보상이 우대라면 가불도 우대다. 노인들에게 지급되는 급여가 다른 세대를 차별하는 것이라면, 아이들의 교육 급여도 다른 세대를 차별하는 것이다. 하지만 세대 전쟁론은 이에 대해 침묵한다.

넷째, 세대 회계의 측정 단위가 너무 단순하다. 측정 단위는 화폐, 즉 조세 부담과 이전수입이다. 단순한 측정 기준은 노동시간이 점차 줄고 있다는 사실을 간과한다.[11] 독일의 경우, 1970년대 이래 현재까지 노동시간이 약 4분의 1 정도 감소했다. 이것은 곧 후대의 노동자들이 전대의 선배들에 비해 적게 일한다는 것을 말한다. 그래서 현재 연금 수급자를 위한 다음과 같은 변론이 가능하다. '현재 노인들이 조세 부담에 비해 많은 이전수입을 누릴 수 있는 이유는 긴 시간 동안 일했기 때문이다.' 화폐적 형평성을 강조하지만, 시간의 형평성을 고려하지 않는 세대 회계가 세대의 우대와 차별을 가리는 적당한 기준이 될 수 있을까. 또 기대 여명의 증가는 어떤가. 세대 전쟁론자들은 투덜댄다. 후대의 노동자들이 전대의 선배들에 비해서 연금을 적게 받게 될 것이다. 그들이 무시하는 건 수명 연장이다. 전반적인 기대 여명의 증가는 차이를 없앨 수 있다. 예전보다 적지만 더 오래 받을 수 있기 때문이다.

세대 전쟁론의 문제는 명백하다. 고령층을 사회 부담으로 간주하는 세대 전쟁론의 노인 차별주의는 '정치적으로 올바르지' 않기에 문제가 아니라, 역사적으로나 실제적으로 오류이기에 문제다. 과거 산업화 시기의 아이들이 그랬던 것처럼, 오늘날의 노인들은 생산 활동에 더 활발히 참여함으로써 개인적이며 사회적인 문제를 해결할 것이다. 또한 고령 인구가 양적으로 확대되는 것은 분명하지만, 이들이 쉽게 하나의 행동 단위가 될 수는 없다. 연령이라는 공통점이 다른 사회적 차이와 대립을 압도할 수 없기 때문이다.

세대 전쟁론에 경험적 근거를 제공하는 세대 회계는 여러 지점에서 한계를 보인다. 역사적 우연을 인정하지 않으면서 걸핏하면 차별이라 외친다. 가족이라는 제도를 무시하고, 합리적 개인만을 고려한다. 보상을 문제로 삼을 뿐 가불은 문제 삼지 않는다. 곧 세대 간에 전쟁이 일어날 것이라는 이들의 예측은 분명 공론장의 주목을 끄는 데 도움이 된다. 딱 거기까지다. 경험적으로나 현실적·학술적·정책적으로 세대 전쟁론은 빈약하고 공허하다. 그러나 그것의 사회적 소구력은 크고 강하다. 나는 그 이유가 세대 전쟁의 '레토릭'에 있다고 생각한다.

2. 세대 전쟁의 레토릭

세대 전쟁론은 학술적 분석보다는 정치적 레토릭에 더 가깝다. 복잡하고 다차원에 걸친 사회문제의 원인과 결과에 대한 분석은 부차적이며, 도덕적 레토릭으로 싸움을 선동하는 것이 주된 사업이다. 세대 전쟁, "세대 폭풍" "세대 충돌"과 같은 대중매체의 수사를 통해[12] 자녀와 부모, 젊은이와 늙은이, 청년 세대와 기성세대, 종국엔 선과 악의 싸움에 집중하게 만들어, 자신들의 호소와 요청을 수용하도록 반복해서 종용하고 선동한다. 지난 30년 동안 세계 각지에서 세대 전쟁론자들은 흡사한 논리와 레토릭으로 세대 전쟁이 임박하거나 이미 시작되었다고 반복해서 주장했다. 반복은 주장이 현실이 되도록 하는 데 중요한 역할을 할 수 있다.

부자 아빠가 가난한 아들의 밥그릇을 훔친다!?

세대 전쟁론이 확산되는 데 지대한 영향을 미친 세 문헌의 제목을 음미해보자. 세대 전쟁론의 출발점이랄 수 있는 미국의 인구학자이자 사회학자인 새뮤얼 H. 프레스턴의 논문은 「아동과 노인—미국 의존층의 갈라진 경로」, 1980년대 중반 유럽에서 세대 전쟁론의 등장을 알린 책은 『노동자 대 연금 생활자—고령 세계에서의 세대 정의』, 그리고 독일에서 인기를 끌었던 대중학술서는 『이리떼의 제거—젊은이와 노인의 전쟁 위협에 대해서』라는 제목을 달았다.[13]

제목들만 보더라도 세대 전쟁론이 오늘날까지 고수하는 특징적인 수사 전략을 가늠할 수 있다. 첫째, 세대 대립을 강조한다. 아동과 노인, 노동자와 연금 생활자, 젊은이와 노인, 그리고 미래와 과거를 대립시킨다. 둘째, 대립이 정의롭지 않음을 부각한다. 노인을 보살피느라 아동을 방기하거나, 연금 생활자를 봉양하느라 노동자의 허리가 휘거나, 이리떼 같은 노인들이 순진무구한 젊은이들을 갈취한다. 셋째, 부정의가 도덕적 분노를 야기한다. 어른들이 아이들의 먹거리를 탐한다. 과거가 미래를 집어삼킨다. 넷째, 분노는 행동을 요청한다. 만연한 아동 학대를 멈추고 청년 착취를 종식하고 국가 재정의 파탄을 막아야 한다. 개혁이 필요하다. 그것을 이끌 세력에게 표를 던져라.

세대 전쟁론 레토릭은 세대의 수사적 '강점'을 극대화한다. 일단 세대는 많은 것을 지칭한다. 예를 들어 가족에서의 역할(부모 또는 자녀)을 말하거나, 동일 연령대의 집단을 뜻하거나, 사건이나 사고가 났을 때 그것으로 생긴(생겼을) 어떤 일체감을 표현하기 위해서 '세대'라는 단어를 사용한다. 세대라는 용어가 극히 추상적이고 가소可塑적이어서 원하는 대상을 세대로 지칭할 수 있다. 하지만 정작 지칭된 대상이 반발하거나('나는 아닌데'), 주장의 내용에 해당되지 않게 되면('어떤 세대는 탐욕스럽고 부유하다'라는 주장에 반하는 '어떤 세대'의 빈곤한 성원), 다른 관형어를 활용하여 또 다른 세대를 '창조'할 수 있다. 베이비붐 세대(베이비부머)와 에코 세대•를 이야기하다가 아귀가 맞지 않으면 부모 세대와 자녀 세대의 대립으로, 그것도 문제라면 5060

세대와 2030세대의 다툼으로 갈아탈 수 있다. 화려하지만 애매모호한 세대 수사법은 국적을 불문하고 대다수의 세대 전쟁론자들이 애용하는 방법이다.

우리에게 친근한 예로 살펴보자. 가장 뛰어난 한국 세대 전쟁론자라 할 수 있는 박종훈은 세대 전쟁의 전선을 '베이비붐 세대 대 에코 세대' 그리고 '5060 대 2030'으로 그린다.[14] 베이비붐 세대를 1차(1955~1963년생)와 2차

● 베이비붐 세대 또는 베이비부머는 큰 전쟁 후에 태어난 이들을 말한다. 일반적으로 전쟁이 끝나 평화로운 시기가 오면 출산율이 급격히 상승한다. 갑자기 많아진 아이들은 사회 변화를 가져온다. 예컨대 이들이 취학 연령이 되면, 학교가 증설되고 교사가 확충되어야 한다. 그렇게 되면 경제 상황과 노동시장이 변하게 된다. 베이비부머가 나이 들어가면서 청년이 되고 노인이 되면, 그에 상응하는 사회 변화가 이루어지게 된다.
에코(붐) 세대 또는 에코부머는 보통 베이비부머의 자녀를 가리킨다. 베이비붐 세대들이 부모가 되어 자녀들을 출산하면, 그 자녀들 또한 수적으로 무시할 수 없는 수준이 된다. 에코echo, 그러니까 '메아리'는 베이비붐 세대가 일으킨 '출산율' 메아리인 셈이다.
서구나 한국을 가리지 않고 베이비부머와 에코부머라는 용어가 쓰이지만, 그들의 출생연도는 각기 다르다. 서구의 큰 전쟁이 비교적 일찍 끝났다면(제2차 세계대전: 1945년 종전), 한국의 큰 전쟁은 1950년대 중반에 이르러 끝났기(한국전쟁: 1953년 휴전) 때문이다. 서구의 베이비부머는 대략 1946~1965년 출생자, 한국의 동료는 1955~1974년 출생자를 말한다. 에코부머 역시 약간 차이가 있다. 서구에서는 1970년대 중반에서 1980년대 말 출생자, 한국에서는 1980~1990년대 중반 출생자를 에코 세대라 부른다.

(1968~1974년생)로 나누고, 에코 세대(1979~1992년생)와 대립시킨다. 같은 맥락에서 5060은 2030과 대립한다. 베이비부머와 에코 세대 그리고 5060과 2030이 불화한다는 것은 부모와 자녀의 대립을 연상시키기에 언론과 세대 전쟁론자가 애용하는 용어다. 박종훈은 세대 전쟁론의 수사에 충실하게 극적인 용어로 그 대립을 표현한다. "누가 내 밥그릇을 훔쳤을까." 답은 간단하다. '부자 아빠가 가난한 아들의 밥그릇'[15]을 훔쳤다. 가족의 수준에서 부모가 자녀의 밥그릇을, 사회적 수준에서 베이비붐 세대가 에코 세대의 밥그릇을 강탈했다.

여기서 사회학자들은 슬슬 답답해진다. 두 가지 이유 때문이다. 첫째, 부모의 부와 권력이 자녀에게 세습되는 엄중한 현실은 고려치 않는다. 이것은 거짓이나 은폐와는 다르다. 마술사가 쓰는 트릭과 같은 것이다. 후에 상술하겠다. 둘째, 호환하는 명칭들이 일치하지 않는다. 5060과 겹치는 세대는 1차 베이비부머뿐이다. 책이 쓰인 2013년 당시에 그들 대부분은 50대고, 2차 베이비부머는 아직 50대가 되지 않았다. 대체 부자 부모는 누구이고, 베이비부머는 누구이며, 5060은 또 누구인가. 동일한 뜻으로 쓰는 명칭들이 불일치한다. 하지만 상관없다. 중요한 바는 세대 전쟁이 '있다'는 것이다. 어떤 세대가 누구와 대거리를 하는지는 중요치 않다. 자식과도 같은 젊은이의 밥그릇을 부모와도 같은 중·장년이 '훔친다'는 사실이 중요하다. 있어서는 안 될 일들이 벌어지고 있다. 이를 끝장낼 행동이 필요하다!

세대들의 제로섬 게임

세대를 승자와 패자로 가르고 세대들의 갈등 관계(전쟁!)를 제로섬 게임으로 보는 관점은 새뮤얼 H. 프레스턴에게서 비롯했다. 그는 세대 전쟁론의 바이블이라 할 수 있는 논문에서 연금 생활자와 가족(아동 및 그들의 젊은 부모)이 벌이는 제로섬 게임의 '실체'를 적어도 학술적으로는 최초로 밝혔다. 그는 지난 수십 년간 출산율이 떨어진 이유를, 같은 기간 노인들의 삶이 개선된 사실에서 찾는다. 그의 결론은 노인들이 아동과 그 부모들의 몫을 '헐어서' 자신들의 삶을 개선하였다는 것이다. 그렇다고 노인들을 "악당the villains"으로 묘사하려는 의도는 없으며, 오히려 "그들의 동기나 행동이 다른 집단들의 그것들에 비해서

덜 순수한 것"은 아니라고 말한다.[16] 하지만 "한 집단의 이익이 다른 집단의 희생을 통해서 부분적으로 실현된다"는 사실이 변하지는 않는다고 밝힌다.

그로부터 5년 후 데이비드 톰슨은 노인들의 악당적 측면을 본격적으로 보여준다. 뉴질랜드 노인들의 활약상은 앞에서 이미 밝혔다. 물론 톰슨은 부정하지만, 그의 주장은 세대 음모론의 형식을 취했다.[17] 통상 음모론은 쿠이 보노, 즉 이익을 본 자가 범인이라는 원칙을 따른다. 어떤 세대가 이익을 보고 다른 세대가 손해를 입었다면, 전자는 가해자고 후자는 피해자다. 명확한 의도를 가지고 음모를 꾸며 이익을 취한 승자 세대가 가해자다. 손해를 입은 패자 세대는 '순수한' 피해자 또는 희생양이다. 톰슨은 가해자 세대와 피해자 세대를 명확히 구별했다. 뉴질랜드에는 하나의 특수한 세대(1930년대 언저리 출생)가 있으며, 그들이 복지국가를 농단하여 이익을 취했고 후세대들(당연히 본인이 소속된 1950년대생!)에게 그 부담을 전가했다.

세대 전쟁론의 위세가 비단 미국이나 뉴질랜드에만 국한되지는 않았다. 복지국가의 위기를 거의 모든 서구 사회가 경험했기 때문이다. 1980년대 후반부터 중부 유럽에서도 이는 주목을 받았다. 그때부터 연금 생활자와 은퇴자들은 젊은이들의 부담이 되는 거대한 경제적 비용, 예컨대 아동 빈곤과 국가 부채와 실업을 초래하는 주범으로 고발되었다. 아동 빈곤은 앞서 살폈고, 국가 부채가 커진다는 것도 쉽게 이해할 수 있다. 마지막 사안인 실업에 대해서는 부가 설명이 필요하다. 노인들이 청년 실업을 초래하는 이유는 기업이 일자리를 창출할 수 있는 잠재력을 그들이 갉아먹기 때문이다. 예컨대 연금 보험료는 노동자와 기업 모두가 부담한다.[18] 노인들이 받을 연금 보험 급여가 높아질수록 일하는 젊은이들과 기업의 부담도 커진다. 젊은이들은 소득을 빼앗기고 기업은 불필요한 비용 지출을 감수해야 한다.

한국의 노인은 추가적으로 비난받을 악덕을 쌓았다. 노인들이 부동산 가격을 높여서 청년들을 주거 난민으로 만들었고, 조세 체계도 자신들에게 유리하게 만들었으며, 은퇴한 이후에도 욕심을 부려 기꺼이 청년들과 일자리 경쟁에 나섰다. 게다가 2016~2017년 탄핵 국면에서 갖가지 추태와 테러(나 그에 준하는 행동)를 자행했던 맞불 어르신을 보라(다시 다룰 것이다). 정말 노인, 특히 한국 노인은 온갖 책임의 최종적 하치장이 분명하다.

프레스턴이나 톰슨과 같은 세대 전쟁론자들의 주장은 물론 사상누각이다. 세대 전쟁론자들의 주장, 곧 젊은이의 공적 자원이 늙은이의 몫으로 이전된다는 주장은 세대 간의 자원 분배를 일종의 복지국가적인 제로섬 게임이라고 암묵적으로 가정한다. 이를테면 공적 자원의 분배를 책임지는 복지국가가 늙은이의 몫을 늘리기 위해(원인) 젊은이의 몫을 빼앗는다(결과)는 것이다. 이에 대해 리처드 이스터린은 다음과 같이 반박한다. 세대들이 제로섬 게임을 벌인다는 주장은 두 가지 과정, 그러니까 가해자인 늙은이의 사정이 나아졌다는 것과 피해자인 젊은이의 상황이 악화되었다는 것을 '인과적'으로 연결시킨다. 그러나 두 과정은 인과적으로 연결되지 않는다. 두 과정은 각각 나름의 까닭이 있다. 늙은이들의 사정이 나아진 까닭은 복지 정책이 개선되었기 때문이지만, 젊은이들의 사정이 악화된 것은 복지국가가 그들의 몫을 빼앗아서가 아니라 노동 시장의 상황이 악화되었기 때문이다.[19] 두 과정이 동시에 일어났지만, 양자가 서로 원인과 결과로 이어진 것은 아니다. 단지 함께 일어났을 뿐이다.

그러한 비판이 세대 전쟁론을 침묵시키지는 못했다. 20년 후에도 세대 전쟁론은 같은 레토릭, 즉 제로섬 게임의 레토릭을 활용한다. 코틀리코프와 번스는 미국에서 나타난 제로섬 게임을 연령별 평균 소비를 통해 밝힌다. 1960년부터 1990년까지 연령별 평균 소비를 보면 "노인들의 상대적 소비"가 가장 크게 개선되었음을 알 수 있다.[20] 그러한 추세는 오늘날까지 여전하다. 저자의 한 사람인 코틀리코프는 92세 노모의 예를 들면서 이렇게 말한다. 의료보험의 "지원과 자신의 정신력과 규칙적인 운동 덕에 해가 갈수록 더 젊어지고 있다." 노모의 건강이 좋아져서 개인적으로는 좋지만, 저자들은 개탄한다. "소득 재분배가 잘못되었어도 한참 잘못되었다." 일부 아이들이 여전히 굶주리는 상황인데도, 노인들은 국가의 도움을 받아 "전용 비행기를 타고 여름휴가를 즐기는" 현실이 정말 한심스럽다. 물론 저명한 경제학자와 대단한 칼럼니스트인 공저자는 두 가지 '팩트'에 약간의 MSG를 더해 하나의 이야기로 연결했을 뿐이다. 오늘날 미국에서 전용기를 타고 휴가를 즐기는 노인이 있다는 사실, 그리고 많은 아이들이 빈곤에 허덕이는 사실을 마치 인과관계가 있는 것처럼 한 호흡에 말했을 뿐이다. 물론 노인 빈곤율이 아동 빈곤율에 비해서 더 개선된 것은 사실이다. 소수계 아동의 상황은 더 심각하다. 그러나 이러한 팩트들을 나열한 이야기는 섣부른 결론을 강요한다. 노인들이 아이들의 밥그릇을 훔쳤구나!

사실 빈곤 문제는 전통적으로 '계급'이나 '계층'의 사안으로 다뤄졌다. 하지만 세대 전쟁론자들은 이를 세대의 문제로 새롭게 번역해냄으로써, 앞서도 인용했던 레스터 서로의 묵시론적 예언을 따른다. "가까운 미래에 계급 전쟁은 빈자와 부자의 대결이 아니라 젊은이와 노인들의 싸움으로 다시금 정의될 것이다." 두 가지 사실만 기억하자. 첫째, 연금과 의료 혜택을 받는 모든 노인이 전용기를 타고 호화 여행을 떠나지 않는다. 둘째, 소수계 아동의 빈곤은 노인의 상태와 비교하기보다 '주류 인종'의 그것과 비교해야 한다. 이는 미국의 계급 문제와 인종 차별이 심각하다는 것을 보여주지, 미국의 소득 재분배에서 세대들이 활약한다는 것을 보여주지 못한다.

착한 미래 세대 대 악한 과거 세대

세대 전쟁론의 수사 전략은 대중매체의 그것과 거의

동일하다. 사회학자들은 대중매체가 하나의 체계로서 나름의 논리에 따라 움직인다고 믿는다. 매체는 단순한 정보 전달자가 아니라 전달할 정보, 곧 뉴스를 고유한 기준에 따라 선별한다. 정보를 선별하는 기준, 즉 "뉴스 가치"는 크게 네 가지다.[21]

첫째, "부정성"이다. 부정적인 사건이 사회의 주목을 끄는 데 효과적이다. 또한 부정적 사건을 밝힘으로써 사회에 경종을 울리고, 이를 통해 대중매체가 사회의 파수꾼으로 자리매김할 수 있다. 둘째, "도덕화"다. 모든 사건을 단순한 도덕적 척도(good vs bad)로 평가하고, 사안을 단순하게 만들었으니 누군가에게 책임을 묻기도 쉽고(최소한 분풀이 상대라도 제공), 결과적으로 대책을 쉽게 제시할 수 있다. 애매모호한 상태나 이러지도 저러지도 못 하는 양가적 상황 같은 것은 고려하지 않는다. 그에 대한 핑계는 독자나 시청자에게 큰 부담을 지울 수 없다는 것이다. 독자나 시청자 친화성이라는 원칙에 근거해 복잡하게 뒤엉킨 문제를 도덕적으로 단순하게 만듦으로써 대중매체는 또 다른 혜택을 취한다. 파수꾼이라는 자신의 역할에 심판관의 배역을 덧댈 수 있다. 셋째, "불연속성"이다. 이제 사회는 이전과 달라졌다는 것, 이것은 부정성과 함께 사회의 주목을 끄는 데 효과적이다. 마지막으로 "갈등"이다. 훈훈한 이야기나 평화는 갈등보다 주목을 끌지 못한다.

세대 전쟁론의 수사 전략은 뉴스 가치의 네 가지 기준을 나름의 방식으로 따른다. 첫째, 불연속성을 강조한다. 이제 세상이 바뀌었다. 예전의 세대 관계를 조정하던 협약 따위는 무용지물, 아니 사회의 해악이다. 둘째, 복잡한 세대 관계를 선과 악의 대립으로 치환한다. 노인 부양에 돈을 '탕진'하는 악이 되든지, 아이 양육에 '투자'하는 선이 되든지 양자택일하라. 셋째, 대립을 극화한다. 노인 부양에 돈이 탕진되고 아이들의 미래가 훼손되는 까닭은, 미래에 투자하려는 노력을 늙은이들이 집단적으로 방해하기 때문이다. 넷째, 그것의 부정적 효과를 과장한다. 노인들이 아이들의 삶과 우리 공동체의 미래를 파괴한다. 결국 우리에게 필요한 것은 늙은이와의 전쟁이다. 세대 간의 전쟁을 예언하거나 이미 전쟁 중이라는 파국 시나리오를 통해 세대 전쟁론자는 파수꾼이자 심판관이 된다. 믿음이 샘솟고 신뢰가 쌓인다. 아이들과 공동체와 미래를 걱정하는 '착한' 사람이라면, 파수꾼의 전갈에 주의를 기울이고 심판관의 평결을 따라야만 한다. 말하자면 세대 전쟁론은 대중매체의 논리에 따라 세대 관계의 복잡성과 다차원성을 무시하고 세대의 추상성과 가소성을 극대화하여, 젊은이와 늙은이 또는 청년 세대와 기성세대의 대립을 선과 악의 싸움으로 극화한다.

세대 전쟁론자들의 우군과 적은 언제나 정해져 있다. 자신들이 대변하는 '착한' 약자이자 아웃사이더이자 피해자인 미래 세대, 그리고 강자이자 기득권자이자 가해자인 '악한' 과거 세대다. 선과 악의 구도 설정은 사안을 논박할 수 없는 것으로 만든다. 도덕적으로 명확하기 때문이다. 누가 사악한 부모와 더불어 순진무구한 아이들을 학대하겠는가. 오만한 강자를 편들어 초췌한 약자를 핍박하겠는가. 물론 현실은 도덕과 전혀 상관없이 돌아가지만 적어도 담론 투쟁, 그러니까 공적인 말싸움에서 도덕성은 최고의 전략이자 무기다. 도덕적으로 명백한 전쟁의 와중에 눈을 다른 곳에 돌리기는 쉽지 않다. 세대 전쟁론자들은 중요한 사회문제가 세대 대립에서 비롯한다고 주장하면서, 다른 가능한 원인에 주목하지 못하도록 만든다. 마치 마술사가 미스디렉션misdirection, 그러니까 관중의 이목을 엄한 곳에 쏠리도록 하여 자신의 트릭을 눈치채지 못하게 만드는 것처럼 말이다. 세대가 가진 매력을 활용하여 꾸며진 세대 전쟁론의 도덕적 명확성은 아주 훌륭한 "대량 주의분산 무기mass distraction weapon"다.[22]

3. 한국으로 수입된 세대 전쟁론

서구의 세대 전쟁론이 말하는 노인의 세대 착취를 한국에서도 주장할 수 있을까. 이 땅의 세대 전쟁론자들은 그러한 전범을 따르지 않는다. 아니 그렇게 못 한다. 노인의 처지가 처참하기 때문이다. 한국은 OECD 국가 중에서 최악의 노인 빈곤 국가로 65세 이상 노인의 빈곤율이 49.6퍼센트에 달한다.[23] 압도적인 1위다. 2위는 35.5퍼센트, 3위 31.2퍼센트, 그리고 OECD 평균은 12.6퍼센트 정도다. 노인 두 명 중에 한 명이 빈곤에 허덕이는 상황에서 그들에게 아이들의 밥그릇을 훔쳤다는 비난을 퍼부을 수 없다. 그렇다고 피해자인 젊은 세대는 있는데 가해자 세대 자리를 비워놓을 수도 없는 노릇, 그래서 찾아낸 대체물이 기성세대다.

한국의 세대 전쟁론자들이 서구의 선배들과 달리 노인을 원흉으로 몰아세우지 않은 이유는 단지 한국 노인의 참상 때문만은 아니다. 그 외에 한국의 사회보장 시스템이 서구에 비해 발달하지 않았다는 점도 있겠고, 또 별로 설득력은 없지만 '한국 특유의' 경로사상 때문일 수도 있겠다. 어쨌든 서구에서는 노년 세대를 가로등 불빛 한복판에 세운다. 예컨대 독일의 젊은 정치인들은 표독스레 말했다. 2003년 독일 기민당의 청년 조직 의장은 초고령 노인들의 고관절 수술비용을 의료보험이 지원해선 안 된다고 말했고("지팡이로 충분하다"), 2005년 독일 자민당의 연방의원은 젊은이들의 밥상에 자꾸 숟갈을 들이밀지 말라고 윽박질렀으며("늙은이들아, 이제 수저를 놓으라"), 전 연방대통령 로만 헤어초크Roman Herzog는 2008년 한 신문과의 인터뷰에서 다음과 같이 밝혔다. "내가 우려하는 것은 우리가 지금 연금 생활자의 민주주의Rentnerdemokratie•의 징후가 보인다는 점이다. 노인들은 점점 더 많아지고, 모든 정당들이 그들을 과도하게 의식하고 있다. 그것은 결국 노인들이 청년들을 약탈하는 방향으로 이끌 것이다."[24]

왜 한국에서는 노인이 아니라 기성세대일까

독일의 당찬 세대 전쟁론자들에 비해 한국의 동료들은 훨씬 점잖거나 겁이 많다. 그들은 노인의 심기를 거스르는 정치의 금기를 범하지 않고자 애쓴다. 한국에서 노인을 건드리는 것은 정치적으로, 다른 국가보다 더 위험하다. 한국 노인들은 서구의 다른 국가와 달리 확연한 조직표의 성향을 보이기 때문이다. 그래서 서구 세대 전쟁론의 표준화된 복지국가 세대의 전선, 곧 부양 세대(부양을 기대하는 고령층) 대 양육·생산 세대의 전선 설정이 불가능하다. 적으로서, 비난의 대상으로서, 책임을 전가할 승자 세대의 대체물이 필요하다. 이에 한국의 세대 전쟁론자들은 영리하게 기성세대를 전면에 내세운다. '현재 사회를 이끌어가는 나이 든 세대'를 통칭하는 기성세대라는 용어는 도덕화와 추상성과 가소성에서 '갑'이다. 문제가 많은 현재

● 다수인 연금 생활자가 투표와 같은 민주적 의사 결정을 통해 지배하는 민주주의 체제를 칭하는 말.

사회를 주도하니 공격받아 마땅하다. 나이가 든 세대를 통칭하니 필요에 따라 대상을(중·장·노년 세대) 고를 수 있다. 노인을 공격할 수 없어서 만든 궁여지책이 결과적으로 최선책이 되었다.

이제 기성세대의 활약상을 보자. 박종훈은 기성세대를 "세대 전쟁의 주범들"로 묘사한다. 그들은 주로 네 가지 영역에서 활약한다. 첫째, 부동산 가격이다. 한국, 특히 수도권의 주거난은 심각하다. 청년 세대의 고통이 유달리 심각하다. 이유는 무엇일까? 당연히 정부의 부동산 대책이 "언제나 부동산을 보유하고 있는 기성세대의 입장만을 대변"[25]하기 때문이다. 둘째, 고령자를 우대하는 복지 정책이다. "막강한 인구수로 인해 기성세대의 정치적 힘이 커짐에 따라 노인복지는 점점 더 강화되는 반면, 정작 우리 미래를 위해 가장 필요한 미래 세대에 대한 복지 투자는 계속 외면당하면서 그 격차가 점점 더 벌어지고 있다." 셋째, 조세 체계의 세대 차별도 심각하다. 간접세의 비중이 높고, 자산에 대한 과세 방식이 보유한 자산에 대한 세금보다 "거래세"(취득세나 양도세)를 중심으로 하기에 자산이 많은 기성세대보다 자산이 없는 "청년에게 큰 부담"이 된다.

넷째, 일자리다. "일자리를 놓고 젊은 세대와 은퇴 세대가 서로 경쟁하는 상황이 벌어진 것이다." 경쟁의 승자는 당연히 기성세대다. 일자리는 그들의 "전리품"이다. 다시 말하지만, 서구의 세대 전쟁론에서 승자 세대는 노인층인 데 반해 한국의 세대 전쟁론에서 승자는 기성세대가 된다.

기성세대가 일상적으로 쓰이는 용어인 탓에 그것은 맥락에 따라 달리 불린다. 부모 세대, 베이비붐 세대, 기득권 세대, 또는 4050, 5060, 6070세대가 그 활용 예다. 이는 기성세대가 세대 개념의 가소성에 크게 의존한다는 것을 보여준다. 세대 용어의 탁월한 가소성은 그래서 사회과학자들에게는 큰 골칫거리다. 거의 모든 것을 지칭하지만, 아무것도 지칭하지 않기 때문이다. 하지만 바로 그러한 속성 때문에 기성세대는 일반 대중과 정치인과 대중매체에 인기가 높다. 예컨대 기성세대의 중요한 입후보자라 할 수 있는 4050세대는 전체 인구(5171만 2,221명)의 약 33퍼센트, 5060세대는 약 27퍼센트, 6070세대는 약 20퍼센트다.[26] 압도적인 규모다. 그러한 규모 때문에 대충 말해도 누군가는 해당되리라 생각할 수 있다. 또한 기성세대가 아무런 자책 없이 기성세대를 비판할 수 있다. 그렇게 말하는 자신은 그에 속하지 않는다고 생각하기 때문이다.

청년 세대의 밥그릇을 훔친 용의자로 지목된 한국 기성세대의 사정을 코틀리코프와 번스의 방식, 즉 소비로 살펴보자. 가장 소비를 많이 하는 층이 가해자일 것이다. 통계청의 『가계동향조사』를 기초로 작성된 "가구주 연령별 실질 처분가능소득"(소비할 수 있는 소득)과 "실질 소비지출"(실제 소비)을 보면 기성세대, 특히 40대와 50대의 처지가 과거(2003년)에도 가장 좋았고 현재(2013년)에도 그렇다.[27] 특히 실질 소비지출을 보면 40대는 약 275만 원으로, 약 250만 원에 그친 50대나 240만 원을 갓 넘긴 30대에 비해 사정이 좋아 보인다(2013년). 하지만 이런 수치를 가지고 40대나 50대의 착취를 말할 수는 없다. 자녀의 교육비 때문이다. 2013년 40대의 교육비 지출은 30대와 50대가 지출하는 교육비의 두 배에 가깝다(가처분 소득 대비 교육비 비중, 40대는 13퍼센트, 30대는 8퍼센트, 50대는 7퍼센트).[28] 요컨대 40대는 처분가능소득과 소비지출에서 가장 상태가 좋지만, 가장 큰 교육비 부담에 시달린다.

위의 수치가 보여주듯이 세대 전쟁론자들의 고발, 곧 기성세대가 세대 착취의 주범이라는 고발은 부적절하다.

흥미로운 점은 세대 전쟁론자 스스로도 그러한 사정을 인식한다는 것이다. 그래서 박종훈은 일종의 복화술을 펼친다. 책 제목과 표지 문안과 차례와 도입부에서는 기성세대를 호되게 질책한다. 특히 각 장이나 절의 시작과 끝에서 기성세대를 준엄하게 꾸짖지만, 기성세대 역시 피해자라는 식의 언급을 사람들이 잘 알아듣지 못하도록 배 소리(배로 내는 소리)로 작게 말한다. 이를테면 한국의 베이비부머가 "은퇴를 거부하는"[29] 이유를 다음과 같이 밝힌다. 이전 세대보다 월등히 나아진 상황(예컨대 교육 기회의 확대)에서 태어난 베이비부머들은 한국의 성장과 함께 탄탄대로를 걷다가 여러 우여곡절(예컨대 외환 위기)을 거치지만, —그 나이라면 누구나 하나씩은 가지고 있을—부동산 덕에 노후 걱정이 없었다. 하지만 부동산 불패 신화가 깨지면서 사단이 났다. 부동산 시세 차익이 몽땅 사라진 것이다. "계획했던 은퇴 이후의 노후 생활이 무너지면서 베이비붐 세대는 은퇴해야 할 나이임에도 일터로 내몰리고 있다." 세대 착취의 가해자 역할을 해야만 하는 기성세대가 사회 변화의 피해자가 된 상황을 표현한 것이다.

그러나 그는 기성세대의 악마화를 포기하지 않는다.

예컨대 이런 식으로. "1차 베이비부머는 한국 경제에서 가장 많은 부채를 짊어진 세대이자 가장 많은 자산을 보유한 세대가 되어버렸다." 베이비부머는 피해자 세대인 동시에 승자 세대다. 저자의 필요에 따라 그들은 다른 역할을 수행한다. 세대 착취의 책임을 물을 때는 큰소리로 그들을 불러내고, 그들의 비참한 현실에 대해서는 배 소리로 말한다.

배 소리는 매우 작다. 그래야만 한다. 배 소리가 세대 전쟁의 구호를 옹색하게 만들기 때문이다. 그래서 동원한 수사 전략은 모든 다툼을 세대 전쟁이라 반복하는 것이다. 기성세대의 죄과들을 밝히는 과정에서 박종훈은 다음과 같이 말한다. "유럽 선진국에서 벌어진 세대 전쟁이 주로 가진 세대인 베이비부머와 못 가진 세대인 젊은 세대의 대결이라면, 한국의 세대 전쟁은 베이비부머와 청년 세대 모두가 어려운 상황에서 살아남기 위해 치열한 경쟁을 벌이고 있는 셈이다. 이 때문에 우리나라에서 벌어지고 있는 세대 전쟁은 그 해법을 찾기가 더욱 어렵다." 기발한 주장이다. 세대 전쟁에 대한 새로운 해석 때문이다. 말 그대로 세대 전쟁은 세대들의 싸움, 즉 '어떤 희소재를 둘러싼 세대들의 다툼'이다. 박종훈의 책은 그에 근거해서 세대들의 싸움이 보여주는 다양한 측면을 담았다. 그런데 위의 주장에서 갑자기 '창조'적인 해석이 등장한다. 세대 전쟁이 세대들의 다툼이 아니라, 너 나 할 것 없이 어려움에 처한 모든 기성세대와 청년의 생존 경쟁을 지칭하는 용어가 되어버렸다.

이 용어의 특이점은 세대 전쟁의 무소불위의 무기인 도덕성을 내던졌다는 것이다. 선악으로 승자와 패자를 구분하는 것이 세대 전쟁의 기본 구도다. 그런데 갑자기 모두 패자가 되었단다. 선량한 젊은이를 착취하는 사악한 기성세대라는 근본이 뒤흔들린다. 나쁜 무리와 대적하는 좋은 무리라는 이분법이 사라지고, 양쪽 모두 생존의 어려움에 처해서 처절하게 경쟁하는 집단으로 바뀐 것이다. 이들 모두가 피해자라면 어디엔가 승자가, 양측을 전쟁에 몰아넣고 나름의 이익을 챙기는 무리가 있을 것이다. 하지만 모든 사항을 세대의 가로등으로 살피는 세대 전쟁론자의 눈에 그러한 무리가 포착되지 않는다. 박종훈의 어려움이 이해된다. 한국에서 벌어지는 세대 전쟁의 해법 찾기가 어려운 까닭은 그것이 세대 전쟁이 아니기 때문이다. 세대 전쟁이 아닌 것을 세대 전쟁으로 보고 그 해법을 찾으니 찾아질 리 없다.

세대 전쟁이 아닌 것을 세대 전쟁이라고 부르는 애처로운 관행은 다음 문구에서도 확인할 수 있다. "과중한 교육비 부담이 젊은 세대가 출산을 기피하는 가장 큰 원인 중 하나임에도, 정부는 〔……〕 교육비 부담을 줄일 수 있는 교육 지원책을 내놓지 않고 있다. 자국의 국운을 걸고 공교육 투자에 나선 경쟁국들과 달리, 한국의 기성세대는 사교육이 아닌 공교육 투자에는 매우 인색하기 때문이다." 요컨대 잘못된 교육 투자의 주범은 정부, 정부의 책임 있는 자리에 있는 사람은 기성세대, 고로 정부=기성세대. 윤기 나는 삼단논법이다. 세대 전쟁이 아닌 것을 세대 전쟁이라고 부르기 위해 필요한 논리다.

또한 국가의 교육비 투자가 줄어들면서 모든 젊은이들이 손해를 본다는 논리도 문제다. 젊은 부자(늙은 부자의 자녀들)에게는 오히려 이익이기 때문이다. 교육에 돈이 많이 들면, 교육 경쟁은 지능이나 노력이 아니라 경제 자본의 양에 의해서 판가름 난다. 국정 농단 주역의 딸이 말했듯이, 잘난 부모와 돈도 실력이다. 돈이 없으면 아무리 똑똑하더라도 교육받을 수 없다. 높은 교육비를 지불하지 못해 가난한 능력자들이 떠난 빈자리를 돈 많은 집의 자녀가 차지할 것이다. 돈이 실력이다!

박종훈은 증여세와 관련해서도 '순수한' 주장을 이어 간다. "증여세에만 유독 관대한 세금 정책은 마치 이탈리아의 부의 '세습' 움직임을 떠오르게 한다. 이탈리아의 경우 세대 전쟁이 심화되면서 젊은 세대가 경제적 기반을 구축하는 데 어려움을 겪자, 부유층은 부를 물려줌으로써 자신의 자녀만이라도 세대 전쟁의 소용돌이에서 건져내려 하고 있다. 하지만 이렇게 부를 세습하려는 경향이 강화되면 될수록 국가 경제는 더욱 빠르게 몰락할 수밖에 없다." 부의 세습과 그로 인한 사회의 양극화가 국가 경제에 해가 된다는 논리는 누구나 받아들일 것이다.

다만 위 주장은 신비스런 두 가지 논리를 전제한다. 첫째, 세대 전쟁이 심화되면서 부유층이 세습을 통해 자신의 젊은 자녀들을 구하려 노력한다는 논리, 말하자면 부의 세습은 세대 전쟁의 부작용이다. 정녕 신비로운 논리다. 세대 전쟁 여부와 상관없이 부는 세습된다. 상수常數는 세대 전쟁이 아니라 계급 재생산이다. 둘째, 증여세 하락이 기성세대의 이익에 부응한다는 논리. 증여세 하락이 대체 누구에게 이익일까. 기성세대 전반, 아니면 부를 독점한 집단? 기성세대라도 증여할 몫이 없으면 증여세 감세는 오히려 손해다. 국가의 곳간이 그만큼 비기 때문이다. 이렇게 신비스런 논리 덕분에 저자는 "증여세에만 유독 관대한 세금 정책"을 세대 전쟁의 주범으로 지목할 수 있게 된다.

비난의 세대 게임, 세대 전쟁론

2015년 드디어 한국에 세대 전쟁론이 정책 담론으로 수입되었다. 정점은 8월 6일 당시 박근혜 대통령의 대국민담화다.● "공공·노동·교육·금융의 4대 구조 개혁"이 필요하다. "생산가능인구 감소"라는 큰 틀 속에서 "성장 잠재력"이 급격히 저하되었기 때문이다. 특히 "방만한 공공 부문과 경직된 노동 시장, 비효율적인 교육 시스템과 금융 보신주의"가 문제다. 대국민담화는 노동 개혁에 가장 많은 비중을 할애했다. 단어 수로 보면 다른 세 가지 개혁에 대

● 박세열, 「대국민담화 전문」, 『프레시안』, 2015-08-06. 편의를 위해 전문의 내용은 출처 표시 없이 인용하겠다.

한 논의를 합친 것과 비슷하다. 노동 개혁의 열쇳말은 일자리 부족이다. 그 때문에 "연애도, 결혼도, 출산도 기피"하는 청년들이 다수 양산되었다. 노동 개혁을 통해 "청년들의 절망"(입직 실패)과 "비정규직 근로자의 고통"을 해결할 수 있다.

개혁의 대상은 두 가지다. 첫째, 불합리한 고임금이다. 2016년부터 정년 연장이 시행되면서 "향후 5년 동안 기업들은 115조 원의 인건비를 추가로 부담할 것으로 예상"되고, "이렇게 인건비가 늘어나면 기업들이 청년 채용을 늘리기가 어렵"게 될 것이다. 둘째, 불공정하고 경직된 고용과 임금 관행이다. "예전처럼 일단 좋은 일자리에 취업하면 일을 잘하든 못하든 고용이 보장되고, 근속 연수에 따라 임금이 자동으로 올라가는 시스템으로는 기업이 더 많은 일자리를 만들" 수 없다. 두 문제를 해결하기 위한 대책은 "임금 체계"와 "노동 유연성의 개선"이다. "이렇게 임금체계가 바뀌고 노동 유연성이 개선되면, 기업들은 그만큼 정규직 채용에 앞장서주셔서 고용과 성장의 선순환 구조를 만들어내야 할 것입니다." "우리의 딸과 아들을 위해서" 그리고 "국가의 미래를 위해서" 기득권을 지닌 사람들이

"고통 분담"을 해야 한다. "기성세대가 함께 고통을 분담하고, 기득권을 조금씩 양보해야 합니다. 〔……〕 청년들에게 더 많은 일자리를 제공할 수 있도록 대기업과 고임금·정규직들이 조금씩 양보와 타협의 정신을 발휘해줄 것을 간곡히 당부드립니다."

대국민담화는 객관적으로 존재하지 않는 이해의 대립을 '창조'하는 혐의가 짙다. 무엇보다 현안의 원인을 매우 독특하게 해석한다. 청년의 절망과 고통의 원인을 '고임금·정규직 기성세대'의 "기득권"에서 찾는다. 중요하므로 반복한다. 대국민담화는 "청년들에게 더 많은 일자리를 제공할 수 있도록 대기업과 고임금·정규직들"의 고통 분담이 필요하다고 강조한다. 그런데 대기업의 위치가 묘하다. 담화에서 대기업은 기득권자가 아니다. 오히려 다른 기득권자들에게 고통을 받는 위치에 더 가깝다. 대기업은 정규직 노동자인 기득권자들의 높은 인건비를 부담하는 애처로운 처지에 놓임으로써, 청년들에게 일자리를 주지 않는 책임에서 해방된다. 결국 청년들의 고통과 절망의 책임은 애오라지 정규직 노동자인 기성세대의 몫이다! '갑의 횡포'는 물론이고 감면된 법인세의 혜택을 누리는 대기업도, 온갖 불법과 편법을 통해 치부한 재벌도, 무능하고 타락한 정부와 관료와 국회의원도, 이들 모두가 하나 되어 무소불위의 권력을 휘두르는 정경유착도 책임이 없다. 이게 다 정규직 노동자인 기성세대 때문이다!

정치 세력에 의한 세대 전쟁론의 정책적 담론은 대국민담화 이전인 2015년 봄에 시작되었다. 국민연금의 기금 고갈을 논하면서 당시 보건복지부 장관이자 자칭 '연금 전문가'인 문형표는 기존의 국민연금 체계가 "세대 간 도적질"이라고 발언했다.[30] "연금은 바라지도 않습니다. 형님들이 독점하고 있는 일자리, 조금만 나눠주십시오."[31] 우익 청년 단체인 '대한민국청년대학생연합'이 같은 해 4월 30일 전국민주노동조합총연맹 앞에서 시위를 벌이며 외친 구호다. 그 단체의 대표는 "정규직 노조가 중요한 개혁마다 사사건건 발목을 잡아 기업의 투자 의지가 꺾이고 기득권층은 좋은 일자리를 독점하고 있다"며 "눈물만 삼키는 취업 준비생의 현실을 한 번만 돌아봐달라"고 호소했다.

마치 '조율'된 듯한 행동을 보이는 대통령과 장관과 청년 단체는 모두 '기성세대'와 '젊은이'의 대립 구도를 그린다. 고품질의 일자리를 독점한 이기적인 기성세대(의 노동조합)와 그 때문에 입직도 못 하는 젊은이라는 대립 구도! 그러한 정치적 대립 프레임은 여전히 현재 진행형이다. 자유한국당의 대선 후보 시절 홍준표는 한 인터뷰에서 자신의 사명을 이렇게 표명했다. "대한민국을 위태롭게 만드는 두 세력은 강성 귀족 노조와 전교조다. (……) 청년 일자리를 없애는 강성 노조, 사회 좌편향을 이끄는 전교조를 반드시 응징하겠다. 이것이 홍준표가 집권하면 추진할 국가대개혁의 핵심이다."[32]

크리스토프 부터베게는 세대 전쟁이 불평등 문제를 희석하기 위한 "사회정책적 데마고기•"라고 말한다.[33] "사회국가의 축소를 도모하는 세력이 '세대 형평성'을 통해 자신들의 정책적 주도권을 정당화한다. 세대 형평성 논의의 정치적 효과는 비단 사회국가의 축소만이 아니라, 불평등한 권력, 재산, 지배 관계 대신에 세대를 사회갈등의 원인으로 상정함으로써 기존의 불평등한 구조를 '은폐'하는 것"이다. 청년 단체와 장관과 대통령(2015년)의 발언은 전

• 데마고기demagogy: 흑색선전으로도 번역되는 데마고기는 사실무근의 이야기를 통해 상대방을 모략하는 정치적 술책을 말한다.

형적인 사회정책적 데마고기다. 이하늬는 이렇게 분석한다. "임금 피크제로 이득을 보는 건 누구일까? 장년층 고용과 청년층 채용이 상관관계에 있다는 가설은 입증된 바 없고, 300인 이상 대기업은 좋든 싫든 정년을 연장해야 한다. 청년층이 할 수 있는 일자리를 장년층이 대체하기 어렵기 때문에 청년 고용도 비슷한 수준으로 유지될 것으로 보인다. 이런 상황을 정리하면 세대 간 일자리 전쟁 프레임으로 혜택을 보는 것은 대기업이라는 결론이다."[34]

사회문제의 책임을 자본가나 권력자와 같은 전통적인 기득권자에게 묻지 않고, 고임금을 받는 정규직 기성세대라는 '새로운' 기득권자에게 전가하는 것이다. "최저임금 규정이나 기업의 초과이익을 공유하고 단체행동권을 보장하는 등 노동자의 권익 보호를 의미"했던 노동 개혁을, 박근혜 정부는 "저성과자의 일반해고 가능성과 취업 규칙 변경 요건 완화 등 쉬운 해고와 고용 불안을 가중시키는 노동 시장의 재편, 노동관계법의 개편으로" 바꾸어, "안 그래도 힘겨운 청년 세대가 직면한 문제의 근원이 마치 기성세대에게 있다는 뉘앙스로, 문제의 본질을 호도하고 세대 간 갈등을 부추기고 있다."[35]

개혁, 혁명, 정의, 불평등과 같은 개념들은 오랫동안 진보 세력의 전유물이었다. 하지만 이제 그런 용어들을 기업이나 보수 세력들이 매우 적극적으로 활용한다. 프랑크 눌마이어의 말에 따라, 이를 "개념의 점거Begriffe-Besetzen"라 할 수 있다.[36] 독일의 경우 1970년대 보수 진영이 개념을 점거했다. 한 예가 바로 세대 형평성과 정의다. 그로써 계급이나 계층 또는 이데올로기로 오염되지 않은 '순수한' 용어를 자신들의 이익을 위한 투쟁 구호로 사용하였다. 박근혜 정부의 노동 개혁 담론 역시 그러한 용례를 충실히 따랐다.

세대 전쟁론을 확산하기 위한 당시 박근혜 대통령과 장관과 청년 단체의 노력, 즉 결코 세대로 설명할 수 없는 불평등을 세대의 문제로 수사적으로 혁신하려는 노력을 나는 '비난의 세대 게임'이라 정의한다. 비난의 세대 게임은 비난의 대상에게 책임을 전가하거나 회피하는 것이다. 고도로 복잡한 현대 사회가 가져온 여러 변화 중 하나는 어떤 정책이나 거대 위험 기술이 필연적으로 가져오는 부작용의 책임을 따지기 어렵다는 것이다. 책임의 소재지가 불명확하기 때문이다. C. W. 밀스와 울리히 벡은 이를 "조

직화된 무책임성"이라 불렀다.[37]

2008년 글로벌 금융 위기나 2011년 후쿠시마 원전 사태 또는 가깝게는 세월호 참사를 보라. 엄청난 사건이 일어났지만 아무도 책임지는 사람이 없고, 오로지 책임을 회피하고 남에게 전가하여 비난할 뿐이다. 이런 현상을 영어로는 '비난 게임blame game'이라 한다. '책임 공방'으로 번역할 수 있는 이 신조어는 '어떤 실패 상황이나 부적절한 결과에 대해, 높은 위치에 있지만 책임을 인정하지 않으려는 사람들이 서로 비난하고 책임을 전가하는 것'을 말한다. 이 용어는 문제 해결에 힘쓰지 않고 책임을 회피하기 위해 남을 비난하는 세태를 비판하고자 고안되었다. 신조어가 만들어졌다는 것은 그만큼 세계 도처에서 책임 공방이 빈번해지고 치열해졌음을 뜻한다. 책임 공방이 치열해지는 만큼, 책임을 회피하고 전가하는 전략들이 개발되고 활용되는 것은 당연한 이치. 그래서 크리스토퍼 후드는 다음과 같이 말한다. "책임 회피의 이념은 정치와 관료 조직의 정언명령"이 되었다.[38] 책임 회피에 미숙하면 지지자를 잃고 정치적·행정적 정당성을 상실하게 된다. 그런 의미에서 책임 회피야말로 지지와 정당성의 근간이랄 수 있다.

박근혜 정부 개혁 드라이브의 두 가지 중추인 일자리와 연금과 관련한 정책 담론은 전형적인 비난의 세대 게임이다. 정부의 연금·노동 개혁은 첫번째로 "야권 지지층이 상대적으로 많은 기성세대(40~50대)를 고립시키며 청년 세대 표를 상당 부분 끌어올 수 있다는 계산을 했을 법하다."[39] 두번째로 책임을 회피하고 비난할 대상을 얻고자 한다. 앞서 언급한 대기업의 오묘한 위치 설정, 즉 피해자에 가까운 위치 설정을 상기하자. 이는 새로운 세대 게임이 책임을 회피할 목적으로 특정 세대를 희생양 삼아 비난한다는 것을 보여준다. 더불어 지배 관계를 불투명하게 만들고, 불평등한 기득권의 구조를 은폐하는 효과도 노리고 있음을 보여준다. 입직의 어려움과 비정규직 문제가 대기업이나 세계화를 주도하는 세력의 정책이나 운영 방침이 아니라 기성세대의 기득권, 이를테면 고임금을 받으면서 경직된 고용 관행의 혜택을 누리는—기껏해야 노동자일 뿐인—기성세대의 기득권에서 비롯한다. 요컨대 비난의 세대 게임은 ①정적opponent을 지지하는 세대를 자신의 지지 세력으로 만들려는 정당한 정쟁에 더해 ②사회문제의 해결에는 관심이 없으며 오로지 책임을 회피하고 ③어떤 정치적인 이익(예컨대 현상 유지, 기득권 수호)을 챙기기 위해 특정 세대를 희생양 삼아 비난하는 것이다.

앞서 내용을 요약하자. 청년상의 추락은 세대 전쟁론을 고리로 해서 새로운 노인상의 부상과 연결된다. 오늘날 청년이 비참해진 까닭을, 노인을 포함한 기성세대에게서 찾기 때문이다. 내일보다 오늘을 사는 기성세대에게 젊은이의 일자리, 주거 문제, 기업의 상황, 국가 재정 따위는 안중에도 없다. 오로지 중요한 바는 안정적이고 풍요롭고 건강한 그들의 삶이다. 그렇게 기성세대는 미래 세대에게 마땅히 남겨야 할 몫을 거덜 낸다.

세대 전쟁론은 기성세대의 상상적imagined 지위 상승으로 청년의 현실적 몰락을 설명한다. 상상이 현실을 압도한다. 현실은 극소수의 기득권층을 제외하고 거의 대부분의 청년과 노인과 기성세대의 삶이 힘들어졌음을 보여준다. 그럼에도 청년 대 기성세대의 상상의 전쟁이 부각된다. 계급이나 젠더나 지역(국내적이며 국외적; 선진국과 후진국)과 같은 전통적인 대립은 조명받지 못하고, 연령 차이일 뿐인 청년 대 기성세대의 대립이 사회적 고통의 진원지가 된다. 다른 사회적 대립에는 가로등 불빛이 미치지 못하도록 하고, 세대 대립을 절대화하는 것이 세대 전쟁론의 세계관이다. 그것을 수사적으로 완성한 것이 비난의 세대 게임이며, 그 게임의 플레이어로 정부를 포함한 각종 정치 세력을 지목할 수 있다. 플레이어들은 자신들이 하는 행동의 정당성을 '개혁'에서 찾는다.

5

5장 시간의 고향

— 세대 정체성의 중요한 닻

5

세대 정체성은 '당신들은 누구요'나 '우리는 누구인가'라는 질문에 대해 답하는 것이다. 답변은 '우리가 누구인지'를 밝히고, '우리는 누구이고자 한다'라는 기대나 주장을 담는다. 역사의 우연한 굴곡에서 어떤 또래 집단이 그 이전과 이후의 선후배 집단과 구별되는 고유한 모습을 보일 때, 그리고 그것을 의식할 때 비로소 그들을 독특한 정체성을 지닌 세대라 부른다. 그들은 살면서 축적한 경험의 자료들, 직접 체험하거나 간접적으로 경험한 자료들을 나름의 방식으로 가공하여 기억하고, 그에 따라 고유한 생각과 감정, 의식을 가지며, 때로는 행동에 나선다. 무엇보다 어디서 비롯했는지를 함께 기억하고, 현재 어디에 있는지를 함께 가늠하고, 앞으로 어디로 향할지를 함께 기대한다.

세대 정체성은 현대의 세대 연구에서 매우 중요한 사항이지만, 그와 관련된 모든 논쟁점들을 여기서 다룰 수는 없다. 이 책에서는 현재 한국에서 나타나는 '정치적 세대 투쟁(으로 보이는 것)'을 살필 때 필요한 세 가지 질문에 답할 것이다.

첫번째 질문은 잠재적 세대 구성원들이 정체성을 취하는 방법에 관한 것이다. 맞불 시민들을 어떤 정체성을 지닌 정치 세대로 봤을 때, 그들의 세대 정체성이 어떻게 만들어진 것인지 궁금하다. 가령 그들은 그 정체성을 스스로 만들어 취한 것인가, 아니면 누군가가 제공한 세대 모델에 포획된 것인가. 둘째, 세대 정체성과 행동의 관계다. 사람들은 보통 세대를 '행동하는 공동체'로 간주한다. 특히 정치 세대를 이야기할 때 더욱 그렇다. 나는 그러한 일반적이고 학술적인 상식이 불편하다. 정치적으로 행동하지 않는다고 세대 정체성이 없는 것은 아니다. 행동 이외에 세대 정체성을 표현하는 다른 방법들이 있다는 것을 보여줄 것이다. 셋째, 세대 정체성과 역사적 시간과의 연관이다. 세대는 다른 무엇보다 '시간의 동반자Zeitgenossen'다. 시간의 동반자는 두 사람 이상의 사람들이 같은 시간을 살아냈다는 단순한 사실을 넘어, '같은 시간에 소속되었다'는 것을 통해 무언가를 함께한다는 것을 의미한다. 특정 시간에 대한 공동의 소속감, 독일의 작가 W.G. 제발트Sebald의 말을 빌리면, "시간의 고향"은 지속적으로 급히 변하는 현대 사회에서 그 중요성이 더 커진다. 이 장에서는 이상의 논의들을 포함해 시간의 고향이 세대 정체성의 중요한 닻이 되었음을 보여줄 것이다.

1. 세대 정체성의 경쟁자들

근대가 시작되면서 생긴 가장 큰 변화는 아무래도 개인의 위상이 아닐까 싶다. 근대 이전에 개인은 공동체의 그늘에 가려 보이지 않았다고 할 수 있다. 한 명의 사람은 그 자체로 유의미한 단위가 아니었다. 그가 속한 공동체의 위상에 따라 평가되고 대접받았다. 생각, 행동, 옷차림, 먹을 수 있는 음식, 갈 수 있는 장소마저도 그가 속한 공동체나 신분에 따라 달랐다. 근대는 그러한 공동체나 신분의 결정력을 없애지는 못했지만, 그것의 힘을 상당 정도 제한하였다. 어느 누구든 그의 소속이 아니라 한 개인으로 대접받아야 한다는 이념이 힘을 얻었다. 이는 곧 개인의 해방, 사회적 강요로부터의 해방이기도 하지만, 본인 스스로 자신이 누구인지를 증명해야 한다는 요구이기도 하다.

정체를 밝히는 데 무엇이 필요할까. 역시 이름이 먼저, 그다음에는? 외국에서 그런 질문을 받을 때는 국적이, 국내라면 아마 직업이 뒤따를 것이다. 그것은 곧 내가 속해 있는 집단이나 조직 또는 공동체를 통해 내가 누구인지를 밝히는 것이다. 그런 점에서 보면 근대 전후가 크게 변한 바는 없다. 내 소속은 여전히 내가 누구인지를 밝히는 데 결정적 요인이다. 내 정체성에서 민족이나 계급과 같은 공동체적 요소가 여전히 중요하다. 물론 그에 따라 내 현재와 미래가 결정되지는 않겠지만, 중요한 준거점 역할을 한다. 하지만 그런 관점 또한 시대에 뒤진 것일 수 있다. 이제 국적은 숙명적 아우라를 많이 상실했다. 한국인으로 태어났다고 꼭 한국인으로 죽을 필요는 없다. 물론 국적 변경이라는 선택지는 소수에게만 허락된 것이다. 어쨌든 국적은, 적어도 이론적으로 선택 사양이 되었다.

직업도 마찬가지다. 예전에는 직업을 묻는 질문에 "저는 제빵사입니다"라고 답했다면, 지금은 "저는 현재 제빵사로 일합니다"라고 답한다. 예나 지금이나 직업은 밥벌이의 방편, 그래도 과거에는 직업이 개인의 삶의 관점과 태도, 생각에 영향을 미쳤다. 하지만 현재는 그렇지 않다. 직업이란 제약에 자신을 가두지 않겠다는 강력한 의지와 성큼 자라버린 기대 탓도 있겠지만(언제까지 제빵사로 일할 것인가), 무엇보다 직업의 안정성이 사라졌기 때문이다(언제까지 제빵사로 일할지 모르겠다). 지그문트 바우만이 말한 것처럼 우리는 '다음 통지가 있을 때까지'만 그 일을 할 뿐이다. 1990년대 말, 당시 미국의 전문대 졸업 이상의 청년들은 "40년의 취업 기간 중 최소한 열한 차례 전직하고, 최소한 세 차례 '밑천 기술'"을 교체할 것이라 한다.[1] 한국도 크게 다르지 않다. 그런 상황에서 한 직업에 어울리는 정체성을 고집하다간 호되게 대가를 치를 것이다. 오랫동안 정체성의 중요한 기둥 역할을 하던 직업도 불안정해지고 국적마저 선택 사양이 된 지금, 정체성을 어느 정도 굳건히 해줄 닻이 필요하다. 현재 유행하는 닻이 바로 '세대'다. 정체성은 세 질문에 답할 수 있어야 한다. 기원, 현재 위치, 미래 전망에 대한 질문이다. 세대의 답변은 모두 '시간'과 관련된다. 말하자면, 세대는 닻을 시간에 내린다.

세대사회학자 하인츠 부데는 "독일은 세대의 나라"라

고 말한다.[2] 인접한 "계급의 나라인 영국"과 '공화국의 나라'인 프랑스와 달리, 독일에서는 "사회 전체의 전환점들이 아주 당연히 세대교체와 연결된다든지, [……] 사회문화적 상태를 설명할 때"나 정치문화적 논쟁에서도 세대가 중요한 준거점이라는 것이다. 왜 그렇게 되었을까? 영국의 역사학자 마크 로즈먼은 그 이유를 독일에는 사람들에게 강력한 '우리 의식'을 제공하는 "상상의 공동체"가 없었다는 데서 찾는다. 독일에서는 "민족과 같은 다른 상상의 공동체가 의심의 여지없이" 약했다.[3]

흥미로운 것은 한때 계급의 나라였던 영국에서 벌어지는 최근의 변화다. 영국에서는 전체를 아우르는 민족과 같은 상상의 공동체가 힘을 발휘했던 적이 없었다. 계급이 그러한 역할을 했는데 최근 그 영향력이 약해졌다. "영국은 그 어느 때보다 더 선명하게 계급으로 나뉘어 있"지만, "실력과 열정만 있으면 누구든지 성공할 수 있다는 실력주의"와 "계급 없는 사회에 대한 신화"가 주도권을 쥐게 되었다.[4] 아름답게 보이지만, 그것은 노동계급에 대한 혐오 캠페인이 성공한 결과다. 이제 영국의 노동계급은 중간계급과 억만장자와 주류 정치인과 대중매체들에 의해 조롱당한다. 노동계급에 대한 주류 사회의 혐오는 그들의 집단적 힘, 즉 노동조합의 약화와 맥을 같이한다. 노동조합의 약화는 "결과적으로 전체 노동계급의 집단적 정체성을 약화시키며, 노동자들의 목소리를 빼앗아 〔……〕 고민과 열망을 표현할 수단을 박탈한다."

상황이 왜 그렇게 되었는지는 매우 중요한 사항이지만, 내 관심사가 아니다. 중요한 것은, 그렇게 '정체성의 닻을 상실하게 된 사람들이 어떤 대안을 취했는지' 또는 '그들에게 어떤 대안이 주어졌는지'다. 영국의 사회학자 조너선 화이트는 그에 대해 '세대'라고 답한다. 세대는 무엇보다 "대처 시대의 개인주의와 권위주의의 자리에 집합적 정체성의 감각을 제공하고 사회적 연결이 부활하도록 도왔다."[5] "계급 용어로는 더 이상 다다를 수 없다고 가정되는 사람들에게 말을 붙일 수 있는 방법으로서 집합주의의 새로운 언어로 차용"된 세대는, 영국의 공적인 삶에서 "하나의 신흥 거대서사"가 되어 "집합 행동과 공동체에 대한 관념들을 새롭게 개조"하였다. 세대에 대한 이야기들, 특히 사회정책과 관련된 세대 이야기가 "외부에서 차용되고 각색"되어 "하향식"으로 유포되었다는 점도 흥미롭다.[6] 세대 문제가 애초 영국 사회가 직면한 정책적 문제가 아니었음에도, 그것은 하향식으로 유포되었다. 그러니까 엘리트가 쓰면서 민중도 쓰게 되었다. 문제가 없었는데 해결책이 먼저 들어왔으며, 해결책에 따라 문제가 확정되었다. 이를 집합적 정체성의 맥락에서 말하면, 예전에 힘을 발휘하던 정체성의 닻이 약화된 상태에서 일반 사람들이 나름의 것을 찾아내기(상향식) 전에, 위에서 내려준(하향식) '세대'가 정체성의 근거가 된 것이다.

정리하자. 독일에서 '세대'가 집합적 정체성의 근거로 활약할 수 있었던 이유는 그것의 잠재적 경쟁자, 예컨대 민족이나 계급과 같은 상상의 공동체가 없었기 때문이다. 애초 계급의 나라였던 영국에서 갑자기 '세대'가 정체성의 근거로 부상할 수 있었던 까닭은 세대를 외부에서 차용·각색·수입하여 계급의 영향력을 약화시키려는 '상부'의 노력 때문이다. 요컨대 세대는 '민족'이나 '계급'과 서로 경쟁하는 집합적 정체성의 한 형식이며, 일반 사람들이 그것을 취하는 방식이 능동적(상향식)이거나 수동적(하향식)일 수 있다. 세대는 다른 상상의 공동체 형식들과 경쟁하기도 하지만, 자신과도 경쟁한다. 세대가 여러 하위 모델을 포함하는 대표 단수이기 때문이다. 각각의 세대 모델들은 주도권을 잡기 위해 서로 치열하게 경쟁한다.

2. 세대 모델은 어떻게 만들어지는가

생산자와 소비자가 시장에서 만나 거래를 한다

두 형식의 세대, 곧 나이에 따라 '분류된' 세대와 '우리 의식'을 갖게 된 세대를 시몬 드 보부아르의 유명한 말에 빗대어 표현할 수 있다. 여성이 태어나는 것이 아니라 만들어지는 것처럼, 세대는 그렇게 태어나지 않고 만들어진다. 여성/남성이 생물학적으로 결정되는 것이 아니라 사회적으로 만들어지는 것처럼, 세대는 나이에 따라 결정되지 않고 사회적으로 만들어진다. 생물학적 성(섹스)과 사회문화적인 성별(젠더)이 다른 것처럼, 연령 세대와 사회문화—우리 표현으로는 정체성—세대도 다르다. 연령이 같거나 유사한 사람들을 세대로 분류할 수 있지만, 그렇게 분류된 세대가 고유한 우리 의식, 그러니까 '집합적 자기 의식'을 자연스레 지닐 수는 없다. 말하자면 나이는 세대가 형성되는 데 매우 중요한 조건이지만, 나이가 비슷하다고 해서 스스로를 하나의 공동체로 생각하는 세대가 자동적으로 만들어지는 것은 아니다. 따라서 질문은 세대의 존재 유무가 아니라 '어떻게 세대가 만들어지는지'를 향해야 한다.

독일 역사학자 위르겐 로일레케는 세대성Generationalität이란 용어를 통해 '세대 정체성이 만들어지는 과정'을 조명한다.[7] 세대는 한편으로 공통 경험을 지닌 사람들의 집합적인 '자기주장'이지만, 다른 한편으로 외부 사람들이나 기관들이 그들을 하나의 세대로 부르는 것이다. 이를 외부 호명이라 하자. 엄격히 말해서, 외부 호명은 그 세대 구성원의 생각이나 감정이나 의식 따위에 애당초 관심이 없다. 나름의 목적을 위해 그들을 세대라 부를 뿐이다. 로일레케가 주목한 것은 주도권이다. 외부 호명에서는 주도권이 세대로 불리는 사람들보다 세대를 부르는 사람들에게 있다. 반대로 자기주장에서 주도권은 부르는 사람들이 아니라 불리는 사람들에게 있다. 그들이 그 세대 명칭에 동의해야, 곧 자신과 동료들의 정체성과 주장의 근거로 그것을 수용해야, 비로소 나름의 자기의식을 갖춘 세대가 출현한다. 중요한 것은 주도권을 둘러싼 양자의 다툼이나 절충이다. '시장'의 은유를 쓴다면, 세대 모델을 만드는 사람들은 생산자, 세대로 불리는 사람들은 소비자, 그들이 만나 거래(다투고 절충)하는 공론장은 시장이다. 위르겐 하버마스가 말한바, 공론장은 "사적인 영역과 국가의 폭력 사이에 자리한 주장의 시장"[8]이다.

세대적 "주장의 시장"은 일종의 경연장으로, 그곳에서 생산자들은 나름의 세대 모델을 제시하고(이것이 더 좋은 것이오), 소비자들은 자신들에게 맞는 모델을 선택하며(이게 어울리겠는데), 무엇보다 양자 간의 거래(생산자의 설득과 소비자의 수정 요구)가 일어난다. 세대 주장의 시장에서 생산자와 소비자가 거래하는 과정이 바로 로일레케가 말한 '세대성'이다. 생산자나 소비자가 일방적으로 '세대 됨'을 결정하지 않는다. 생산자는 다른 생산자와 경쟁하면서 소비자를 설득하고, 소비자는 여러 모델 중에서 자신의 요구에 그나마 적합한 것을 선택하고 불만도 토로한다. 생산자가 그러한 소비자의 불만에 반응해서 모델을 수정하거나, 소비자 스스로 자신들에게 맞게 모델을 변형한다. 그렇게 세대 모델의 커뮤니케이션이 이어진다. 정리하면, 세대성은 세대 모델의 생산자가 세대 정체성의 소비자와 시장에서 만나 거래하는 과정이다. 세대는 생산자의 외부 호명이나 소비자의 자기주장만으로 이뤄지지 않는, 양자의 커뮤니케이션의 결과다.

한때 유행했던 세대 모델로 세대성을 정리해보자. 우석훈·박권일의 『88만 원 세대』[9]가 제시한 세대 모델은 청년 세대의 비참한 처지를 잘 표현하였다. 역사상 가장 뛰어난 재능과 자격을 지녔음에도 기성세대가 만들어놓은 사회구조 탓에 처참한 대접을 받는 청년 세대. 처방은 간명했다. 짱돌을 들고 바리케이드를 치고 저항하라! 이 세대 모델은 주장의 시장에서 큰 주목을 받았지만, 소비자의 반응은 제한적이었다. 공저자의 한 명인 우석훈의 표현대로 "이 책을 쓰면서 생각한 변화는 벌어지지 않았다. [오히려] 죽어도 바리케이드를 치지 못하겠다는 20대만 많아졌다."[10] 생산자의 외부 호명에 당사자인 청년 소비자들이 적극적으로 호응하지 않았다는 것이다. 생산자들은 우여

곡절 끝에 절판 선언을 했다.* 그렇게 88만 원 세대 모델은 주장의 시장에서 사라졌다.

88만 원 세대 계열의 후속 모델들이 출시되었고 나름 주목을 받았지만, 그에 대한 소비자의 반응도 마찬가지로 마뜩치 않았다. 그 이유를 이렇게 추측할 수 있다. 세대 모델이 너무 처참해서 소비자가 그것을 수용할 마음이 들지 않았구나. 또는 박권일의 말마따나 세대 모델의 성패를 구성원의 행동 여부로 재는 우석훈의 과대망상이 시대착오적인 것일 수도 있다. 직접 행동에 나서지 않았더라도 88만 원 세대 모델이 청년들의 자기 인식에 영향을 미쳤다면, 그 자체로 역할을 한 것이 아니었을까? 어쨌든 세대성은 나름의 정체성을 지닌 세대가 만들어지는 과정에서 우리가 고려할 것들을 명확히 짚어준다. 생산자와 소비자가 시장에서 만나 거래를 한다!

* 우석훈이 절판을 선언할 때 공저자 박권일의 동의를 구하지 않았다. 박권일은 우석훈의 '책에 대한 일종의 과대망상'(한 권의 책이 사회를 변화시킬 수 있다)을 비판했지만, 그 역시 절판에 동의했다.

세대 브랜드

세대 모델의 생산자들은 서로 경쟁한다. 이를 고려한다면, 세대 모델은 일종의 상표, 즉 브랜드다. 사전은 브랜드를 '생산자가 자기 상품을 경쟁 업체의 것과 구별하기 위하여 사용하는 일정한 표지'라고 정의한다. 브랜드는 목표로 삼은 고객층을 장기적으로 묶어두는 전략이다. 마케팅 전문가들에 따르면, 브랜드는 잠재적 고객들의 "두뇌에 어떤 이미지"를 심는다.[11] 그 이미지는 "일체화"와 "차별화"하는 기능을 수행하고 "선택 행위"에 영향을 미친다. 세대 브랜드도 일체화와 차별화 기능을 지니며, 선택 행위에 영향을 미친다. 세대 연구자들은 소비자가 세대 정체성을 형성하는 사회문화적 메커니즘을 "집합적 상호 이해 kollektive Verständigung"[12]라 부른다. 잠재적 세대 구성원들이 서로 간의 의사소통을 통해서 하나의 집합체에 속한다고 생각하고 느끼고 믿어야, 비로소 정체성을 지닌 세대가 된다.

그러한 집합적 정체성이 만들어지는 데 두 가지 기제가 중요하다. 동일시·일체화와 경계 짓기(차별화)다. 풀어 말하면, 내가 어디에 속하는지 알아야 하고, 누구와 다른

지를 실감해야 한다. 개별 구성원들이 홀로 '우리는 하나야'라고 생각한다고 되는 일이 아니다. 잠재적 세대 구성원들이 서로 소통하고, 다른 세대에 속한(혹은 그렇게 보이는) 사람들과 대화하면서 집합적인 상호 이해에 도달한다. 그런 까닭에 세대는 전적으로 미디어의 사건이자 효과다. 생산자들은 자신의 세대 브랜드에 미디어가 주목하게끔 애쓴다. 직접 책을 쓰거나, 언론이 기사화하도록 만들거나, 사회관계망서비스SNS에 노출하려고 애쓴다. 미디어를 통해 세대 브랜드를 접한 소비자는 그에 비추어 자신이 어떤 세대에 속하는지, 어떤 세대에 속하지 않는지 가늠한다. 나이가 50대인 나로 말하면, 또래와 대화하거나 그들을 관찰하면서 어떤 공통점을 확인한다. 알 수 없는 신조어와 축약어를 쓰는 젊은이를 보면서 또는 어르신과 대화(라기보다는 상호 독백)하면서, 내가 어떤 세대에 속하는지 생각한다. 공적인 영역에서도 마찬가지다. 신문에서 얘기하는 젊은이의 일탈 행동에 놀라고, 지하철에서 어르신들의 색다름에 질겁하고, 내 벗들과 함께 시장에 나와 있는 세대 브랜드를 살피면서 내가 어떤 세대일지를 어림잡는다.

비록 세대 브랜드가 일반적인 상품 브랜드와 흡사하

더라도, 나름의 독특성을 무시할 수는 없다. 이를 뵈른 보넨캄프는 "시간 브랜드Zeitmarken"라 표현한다.[13] 특정한 역사적 시대를 다른 시대와 구별할 수 있도록 돕는 표식인 시간 브랜드는, 세대가 무엇보다 시간의 동반자라는 점을 드러낸다. 시간의 동반자는 "같은 시간을 살았다"는 뜻과 함께 "같은 시간에 소속되었다"는 의미를 지니며, 이로써 그들이 "무엇인가를 함께한다"는 것을 명확히 한다. 다시 말해서 시간의 동반자는 공통 경험, 동일 소속성, 그리고 공동체성을 특성으로 하며, 세대 브랜드는 그러한 시간의 동반자들의 동질성(내적 일체화와 시간 소속성)과 다른 시간의 동반자들과의 차별성을 보여주는 표식이다. 보넨캄프는 시간 브랜드가 "많은 경우 상품," 이를테면 "미디어 상품," 장난감, 라이프스타일 상품(의상, 장신구)과 연관되어 있다는 점도 지적한다. 말하자면 시간 브랜드는 일상생활과 밀접히 연결되어 있다.

일상생활과 연관된 시간 브랜드의 등장은 세대의 저변에 깔린 의미들의 지층이 변화했거나 분화했음을 보여주는 증거다. 20세기의 세대 개념이 공동체의 운명과 관련한 어떤 거창한 소명 같은 것을 표현했다면, 점차 자신의 지위를 다른 요소들에 이양하는 듯하다. 카스파 마제는 "브랜드 상품과 대중예술"이 새로운 "세대의 징표"가 되었다고 표현하면서, 그 까닭을 세대가 "생활세계적인 역사의식"을 반영했기 때문이라 주장한다.[14] 시간 브랜드에 담긴 생활세계적인 역사의식은, 생활하면서 갖게 되는 소소한 감정이나 일상적 라이프스타일, 그리고 무엇보다 소비 습관과 관련한 것이다.

확대·심화된 소비자본주의에서 성장한 비교적 젊은 사람들에게 어린 시절 자신이 썼던 일상적 상품에 담긴 소소한 감정이 그들의 삶 전체를 이해하는 표식이 될 수 있다. 특히 그 상품들이 동년배 집단에서 유행했던 것이라면 더 그럴 것이다. 자신과 동년배의 생활세계를 장식했던 물건들이 일종의 세대 상징이 된다(예컨대 유행했던 게임기에 따라 세대를 나누는 '다마고치 세대' 또는 '닌텐도 세대'). "중요한 일상 체험들의 물결에서 선택을 통해 상징들이 생겨나고, 거기서 세대의 공통점이 응집되고 결정結晶된다."[15] 생활세계적인 역사의식으로 채색된 세대는 사회 전체와 같은 거대한 사명과 관계없는 일상적인 것이다.

세대 연구자들은 공동체적 사명을 품은 세대와 소소

한 일상에 집중하는 시간 브랜드의 관계에 대해 여전히 논쟁 중이다. 가령 카스파 마제 등은 후자가 전자를 대체할 것이라고 본다. 굉장히 흥미로운 주제지만, 여기서는 언급하는 정도로 만족하자. 대신 특별한 사건이나 경험만이 세대를 만들 수 있는지 여부에 주목하자. 세대가 만들어지는 과정에 대한 표준적인 설명은 이렇다. 엄청난 사건 → 강렬한traumatic 경험 → 특정 연령 단계의 사람들에게 영향 → 행동의 주체인 세대의 등장. 엄청난 사건이 일어나면 사람들은 강렬한 경험을 하게 되고, 그것이 특히 어떤 연령 단계, 이른바 외부 자극에 예민한 청소년들에게 큰 영향을 미쳐서 그들이 하나의 공동체를 이루도록 하여, 결국엔 어떤 행동에 나서게 만든다. 세대 형성에 대한 이러한 표준적 설명 덕에, 세대에 관심이 있는 사람들이 거대한 사건과 세대 행동주의에 집중하는 경향이 있다.

여기서 질문이다. 엄청난 사건이 만든 강렬한 경험만이 세대를 만들며, 그 외의 다양한 경험들은 세대와 전혀 상관이 없는가? 정치 행동에 나서지 않으면 세대가 아닌가?

3. 경험의 차별성

세대 현상을 사회변동이나 사회운동과 연결시키는 관점은 매우 익숙하다. 많은 연구들이 세대를 하나의 행위 공동체로 보고, 그것이 운동을 통해 어떤 변동을 이끌어냈는지 살폈다. 한국 세대사회학계에서 그에 대해 처음으로 의문을 제기한 이가 박재흥이다.[16] 그에 따르면, 카를 만하임의 세대 개념 자체가 이미 사회운동의 함의를 강하게 갖고 있어서 세대 현상 일반, 그러니까 운동과 관련이 적은 세대 현상을 다루기에는 역부족이다. 다음에서 소개할 연구자들 역시 유사한 문제의식에서 출발했다. 그들이 공통적으로 문제 삼은 것은 세대를 행위 주체, 특히 정치적(사회운동) 행위의 주체로만 보는 것이 적절한지 여부다. 또한 그들이 주목하는 바는, 소비 습관과 라이프스타일이 강렬한 역사적 사건과 경험을 대체할 수 있는지 여부다.

경험의 차별성?

세대 형성을 설명하는 표준적인 시각은 특별한 사건과 그에 따르는 강렬한 경험에 주목한다. 세대를 만들 수 있는 특별한 사건이나 강렬한 경험이 따로 있다는 것이다. 그렇지 않고서야 세대가 자신의 이름으로 행동에 나설 이유가 없지 않은가. 하지만 베른트 바이스브로트를 위시한 몇몇 연구자들은 그에 반기를 든다. 세대가 만들어지는 데 사건이나 경험의 강렬함보다 더 중요한 것은 사건과 경험의 "해석을 직관적으로 이해할 수 있게 표현하는 능력Artikulationsfähigkeit과 관철 능력"이다.[17] 특수한 사건과 경험이 자동적으로 세대 공동체를 만드는 것이 아니라, "특정한 시기에 자신들의 관점을 관철할 수 있는 엘리트"가 얼마나 유능한지가 세대 형성의 관건이라는 것이다.

우리는 앞서 세대 모델의 시장에서 생산자와 소비자가 거래한다고 말했다. 바이스브로트의 주장을 그에 맞춰 표현하면, 소비자의 마음을 사로잡을 수 있는 생산자의 능력이 관건이다. 준 에드먼즈와 브라이언 S. 터너의 주장도 같은 맥락에서 이해할 수 있다. 2001년 9.11테러와 같은 트라우마틱한 사건이 "자의식을 지닌 새로운 세대를 만들 수 있는 잠재력"을 보여줬지만, 그로 인해 어떤 "능동적" 세대(사회변동을 이끄는 세대)가 만들어졌다고 할 수는 없다.[18] 그렇게 된 원인의 하나로 세대 운동을 이끌 수 있는 공공 지식인public intellectuals들의 몰락을 지목한다. 이를테면 1960년대에 그랬던 것처럼 "세대적인 정치 운동을 이끌 수 있는 잠재적 리더"라 할 만한 지식인들의 위상이 과거에 비해 많이 추락했기에 9.11세대가 만들어질 수 없었다.

그렇다면 행동하는 세대는 이제 더 이상 만들어질 수 없는 것인가? 에드먼즈와 터너는 그렇게 말할지도 모르겠다. 하지만 바이스브로트는 오히려 다른 지점에 주목하기를 권한다. "다른 '조용한' 경험 차원들을 더 무겁게 받아들여야 한다. 그것은 마치 전쟁과 폭력과 똑같이 육체에 각인된 경험들이지만, 엘리트들이 주도권을 잡기 위해 요구하는 것 아래로 모아지지 않는 경험이다."[19] 엘리트가 꽂아놓은 세대의 깃발 아래로 모일 수 없는, 소소한 일상적 경험이 세대를 형성하는 구심점일 수 있다는 것이다.

가령 경구 피임약이 일반화되면서 여성들은 획기적인 경험을 했다. 임신·결혼과 섹슈얼리티의 분리가 그것이다. 경구 피임약을 68혁명의 성 해방과 관련시켜 "명시적인 세대의 작용"으로 보려는 관점도 있지만, 그것은 당시(경구 피임약이 보편화되던 1969년 말) 일반적인 섹슈얼리티 관행, 즉 "하나의 파트너와 지속적 관계를 갖는 관행"에 부합하지 않는다.[20] 섹슈얼리티가 임신의 공포와 결혼의 속박에서 분리될 수 있다는 경험은 선배들은 상상도 못했던 것이고, 후배들은 너무나 당연하기에 그 변화의 위력을 실감할 수 없다. 하지만 바로 그 시기를 살았던 여성들은 자신들이 경험한 바가 얼마나 각별한지를 '몸으로' 깨닫는다. 그래서 그들도 세대(적 경험의) 공동체다. 경구 피임약을 장착한 세대 공동체는 스펙터클한 사회운동을 벌이지 않았지만 독일의 가치관 변동, 그러니까 임신·결혼과 섹슈얼리티를 분리하는 가치를 확산시켜 여성의 사회참여를 높이는 데 기여했다. 그렇게 그들은 경구 피임약을 통해 역사의 흐름 속에 자리 잡았다. 세대 모델 시장의 은

유로 말하면, 소비자들이 주도한, 하지만 생산자들은 주목하지 않거나 못한 조용한 경험의 결집이다. 그 경험도, 그것을 통해 공동체를 이룬 세대도 조용하다. 그렇지만 생활세계의 조용한 경험에서 비롯한, 그래서 담론 엘리트의 주목도 받지 못하고 정치적 행동에도 나서지 않은 조용한 세대는 '일상적 행동을 통해서' 적지 않은 변화를 가져왔다.

세대 구성원의 회고적 증가와 감소

조용한 경험과 조용한 세대가 세대 형성의 표준 시각에 도전하는 바는 세 가지로 요약된다. 첫째, 세대 형성의 성공 여부는 경험의 특출함(트라우마틱한 사건)에서 비롯하지 않는다. 둘째, 일상적인 경험과 행동 역시 세대 형성에 영향을 미치고 사회를 변화시킨다. 셋째, 경험보다 세대 담론 엘리트들의 활약이 더 중요하다. 마지막 사안은 특별한 관심이 필요하다. '세대 게임'과 밀접하기 때문이다. 세대 담론 엘리트, 바꿔 말하면 세대 게임 플레이어는 잠재적인 상태로 남겨진 경험을 현재懸在화할 수 있다.

베른트 바이스브로트는 독일이 20세기에 일으킨 첫 번째 전쟁이 세대 형성에 어떤 기여를 했는지 검토한 후에 다음과 같이 정리한다. 중요한 것은 "전쟁 경험의 가공이다. 전쟁 그 자체가 아니라, 고대했던 정체성의 경험 공간으로서 그것의 '신화'에 주목해야 한다."[21] 전쟁은 민족사회주의(나치)라는 청년 세대를 형성하는 데 크게 기여했는데, 그들에게 영향을 미친 것은 전쟁의 본디 경험이 아니다. 나치 청년들은 나이가 어려서 전쟁을 직접 체험하지 못했다. 그들을 결집시킨 것은 자신들이 원했던 모습으로 채색된 전쟁의 신화적 경험이었다. 이는 앞서 말한 표현 능력과 관철 능력의 문제다. 전쟁과 같은 트라우마틱한 사건은 분명 사람들에게 영향을 미친다. 그보다 더 중요한 것은 그것을 사람들이 직관적으로 이해할 수 있도록 가공하여 표현하는 능력, 그리고 그것을 관철시키는 능력이다.

독일 현대사에서 중요한 계기의 하나라 할 수 있는 68세대의 형성도 마찬가지다. 하인츠 부데에 따르면, 1968년 당시 68세대라 할 수 있는 사람들의 규모는 지극히 조촐했다. 당시 68운동을 실질적으로 이끌었던 핵심 집단은 15~20명, 헌신적 활동가는 150~200명(운동의 선봉장 루디 두치케Rudi Dutschke의 증언), 농성이나 시위에 동원될 수 있었던 사람들은 기껏해야 1만 명에 지나지 않았다.[22] 하지만 1980년대 초반, 이때부터 비로소 68세대라는 말이 쓰이기 시작했는데, 자신을 68세대라 생각하는 사람들의 규모는 크게 증가했다. 하다못해 10여 년 이상을 60년대 말 '사태'를 비난하는 데 전력을 다했던 보수 정당의 일부 소속원들 역시 자신이 68세대라고 고백할 정도였다. 이를 부데는 "회고적 증가retrospektive Vermehrung"라 부른다. 특정 세대가 "그 시기를 대표하는 특성으로 부상할수록 더 많은 사람들이 그 세대에 속한다고 말할 것이다." 회고적 증가는 무엇보다 미디어와 담론 엘리트들 덕이다. 그들이 68세대의 가치관과 태도를 당시 '시대정신'에 부합하는 것으로, 또는 '힙'하다고 띄운 덕이다. 세대 모델 시장이라는 은유를 '주식시장'에 대입하면, 세대 구성원의 회고적 증가는 특정 세대 모델의 주가 상승과 관련이 있다. 주가가 올라간 세대 모델을 통해, 자신을 표현하려는 사람들이 증가한다는 것이다. 주가 상승에 전문가의 조언이 영향을 미친다는 점을 첨언한다. 그 조언이 '건강한' 투자 전문가의 조언일지, 아니면 '작전 세력'의 감언일지는 결과만이 답할 수 있다.

68세대의 회고적 증가와 비슷한 양태가 한국에서도

나타났다. 개인적 이야기라 꺼림칙하지만, 내(1962년생)가 유학(+취업) 중이던 2000년경 한국에 잠시 왔을 때 일이다. 어릴 적 친구들을 아주 오랜만에 만났다. 한 친구는 대학 시절 일상적 데모에도 참여하지 않았다. 하지만 그 친구가 "386세대"라거나 "뜨거웠던 80년대," 또는 "넥타이 부대"• 등의 용어를 언급할 때 놀랐다. 흥미로웠던 지점은 그 친구가 그러한 나름의 세대 정체성을 가지게 된 이유였다. 직장에서 바로 위 선배(특히 58년생!)들과 소소한 갈등을 겪으면서, 당시 "부상"했던 세대 정체성에 의탁했던 것이다. 그 이후 그 친구에게서 86세대 얘기를 다시 들은 바 없다. 의탁을 철회한 것이다.

회고적 증가가 있다면, 회고적 감소도 있다. 주가에 따라 그 세대의 구성원이 많아지거나 적어진다. 독일 68세대의 경우, 1980년대에는 각광을 받았지만 1990년대에는 홀대받았다. 한국의 86세대도 마찬가지였다. 21세기 초반에는 높은 주가를 자랑했지만, 불과 몇 년 후에 폭락했다.

• 1987년 6월 항쟁 당시, 학생 데모대가 서울 도심까지 진출했을 때 그에 동조한 직장인들을 지칭한다.

386세대라는 표현을 만든 한창민의 증언이다. 애초 그 명칭은 세대 구성원의 자기주장, 곧 "인텔에서 만든 칩 이름을 우리 상황에 빗대 차용한 것뿐"이었다.[23] 김대중 정권에서 세대교체의 주역으로 두각을 나타냈던 86정치인들을 비교적 우호적으로 표현할 때 쓰였지만, 점차 그들을 비판하는 것으로 변했다. 86세대에 대해 많은 비판이 있었는데, 가장 많이 회자되었던 것은 그들의 말과 행동의 불일치, 즉 위선이다. "겉으로는 정의로운 체하지만 원정 출산 붐을 일으킨 것도 영어 발음을 좋게 한다고 자녀 혀를 찢은 것도, 부동산 광풍을 주도한 것도 따지고 보면 386이 아니냐는 얘기다. 여전히 술자리에서는 불의를 따지면서도 직장에서는 구태의 관행에서 자유롭지 못하고 귀가해서는 자식들을 고액 과외로 내모는 이들이다."[24]

이러한 『문화일보』 논설위원 김회평의 시론이 2007년에 쓰인 것에 주목하자. 우석훈과 박권일의 『88만 원 세대』도 같은 해에 출판되었다. 더불어 86세대가 지지했고 86정치인들이 주된 역할을 했던 참여정부에 대한 시민의 호감도 바로 그 시기에 급격히 하락했다. 말하자면 그 시기에 86세대의 주가가 폭락했다는 뜻이다. 새로운 정권이

들어선 2017년 이후에는 아마도 86세대의 주가가 어느 정도 회복될 것이다. 진보적으로 평가받는 문재인 정부에 대한 시민의 지지가 매우 높다는 것이 그에 영향을 미칠 것이기 때문이다. 이로써 더 명백해졌다. 세대 형성에서 중요한 것은 경험 그 자체가 아니라 그것의 '가공'이다. 세대 귀속의 선택은 여론이나 사회 분위기에 따라 달라질 수 있다. 당연히 여론이나 사회 분위기가 우연히 변하기도 하겠지만, 세대 게임을 주도하는 플레이어의 능력과 활약에 영향을 받기도 한다. 플레이어가 경험을 세대 모델로 잘 가공한다면 주가가 상승하고 세대 구성원도 늘 테지만, 실패하면 주가도 하락하고 세대 구성원도 줄 것이다.

86세대 논의에서 우리는 서로 경쟁하는 플레이어들의 구체적 업무에 대해서도 알게 되었다. 김회평과 같은 플레이어는 86세대의 위선을 성공적으로 고발하였다. 그가 고발한 혐의들이 사실에 부합하는가는 전혀 중요치 않다. 그는 사회문제를 특정 세대의 책임으로 성공적으로 몰아갔다. 플레이어들은 두 가지 업무를 처리한다. 자신의 상품 경쟁력을 높이기 위해 노력하거나, 경쟁자의 상품에 낙인을 찍는다.

4. 시간 고향

우리는 앞에서 세대가 '시간의 동반자'이며 세대 모델이 '시간의 브랜드'임을, 따라서 세대 정체성에는 '시간'이 동반됨을 밝혔다. 같은 시간을 살았다는 경험에서 같은 시간의 소속감과 공동체성을 취할 때 세대가 형성된다. 그래서 세대 브랜드의 소비자와 생산자 모두 특정 시간, 지질학의 표현을 빌리면 특정 시간층Zeitschicht에 주목하게 된다. 회고적 증가를 설명하는 하보 크노흐의 문구가 이를 잘 표현한다. 잠재적인 "세대 구성원은 하나의 시간층을 매체를 통해 가공하는 가운데 스스로를 재발견하고 추후에 그들이 거기에 귀속됨을 선언하게 된다."[25]

아직 자신이 어느 세대에 속하는지 인식하지 못하는 사람들이 하나의 시간층, 즉 자신에게 의미가 있다고 보이는 어떤 시기를 매체(다큐멘터리, 드라마, 음악, 사진, 영화, 책 등)를 통해서 접하고 그에 대해 생각하고 느끼면서 그 중요성을 실감하게 되면, 자신에 대한 생각 자체를 재정비하고 결국 자신이 그 시간층에, 그 시간 브랜드에, 그 세대에 속한다는 것을 깨닫게 된다. 아무튼 핵심은 시간이다. 세대가 다른 집합적 정체성, 특히 민족이나 직업·계급과 경쟁한다는 점은 이미 밝혔다. 그들과 비교해서 세대가 결정적으로 다른 점은, 바로 '시간'이 정체성의 근원이 된다는 점일 것이다.

시간 고향과 세대 대상

정체성은 기원, 현재 위치, 미래 전망에 대한 답이다. 개인의 수준에서 기원은 곧 고향을 말한다. 고향, 내가 나고 자란 곳. 정체성은 기본적으로 변하지 않는(다고 상상하는) 것을 요구한다. 그에 닻을 내려야 자신의 동일성, 곧 시간이 지나도 변하는 않는 속성과 일체성, 즉 각 요소들이 하나를 이루는 속성이 유지될 수 있기 때문이다.

오늘날 정체성을 유지하기란 힘들다. 모든 것이 빠르고 근본적으로 변하기 때문이다. 그래서 고향이 중요하다. 그것은 변하지 않거나 상대적으로 덜 변한다. 나는 1962년 서울 삼각지에서 태어났다. 삼각지에는 입체 교차로(원형 모양을 한 고가도로)가 있었다. 그것은 1960~1970년대 서울을 상징하는 구조물이었고, 내가 살았던 곳의 표식이기도 했다. 하지만 이제 입체 교차로는 철거되었다. 내가 살았던 동네는 물론이고, 내가 다녔던 초등학교와 중학교도 사라졌다. 내가 살았던 지리적이며 공간적인 고향이 흔적도 없이 완전히 사라졌다. 그렇다고 실향민이 느낄 애잔하고 아련한 추억 같은 것은 없다. 서울에서 나고 자란 사람에게 그런 감상이 있을 리 없다. 또는 지리적이고 공간적 고향의 훌륭한 대용품, 즉 '시간의 고향'이 남아 있기 때문이리라. 시간 고향은 내 기억 속에서 변하지 않는다. 아니 그렇게 착각한다. 기억력의 제한과 왜곡은 이미 증명되었다. 어쨌든 그곳이 변하지 않는다고 나는 믿고 우긴다.

나와 내 동년배가 속해 있다고 느끼는 시간의 장소, 혼자가 아니라 나와 생각이 같고 뜻이 맞는 동년배로 구성된 공동체가 보존된 장소, 그곳으로의 여행은 예나 지금이나 계속될 것이다. 삶이 다사다난할수록 사람들은 더 자주 시간의 장소를 응시한다. 옛 모습 그대로 남아 언제든지 퇴각하여 자신과 남들에 대해서 숙고할 수 있는 처소, "그러한 동경으로 가득한 장소가 바로 시간 고향이다. 시간은 그 누구도 빼앗을 수 없는 고향이다. 지속적인 교체에 내던져진 공간이나 직업이나 가족과도 다르다. 시간 고향은 남아 있다."[26]

그런데 시간 고향이 그렇게 조화롭고 애착을 느끼고 친밀한 장소이기만 할까? 최초로 시간 고향을 세대와 연결한 사람은 그렇게 생각하지 않았다. 시간 고향Zeitheimat은 하인츠 부데가 세대를 설명하면서 사용한 개념이다. 그것은 애초 W.G. 제발트가 자신과 동년배를 위해 사용했다. 제발트는 1944년 알고이Allgäu에서 태어났다. 독일 최남단에 위치한 알고이는 알프스 산맥 자락의 '깡촌'이다. 출생 연도와 지역에서 알 수 있듯이 제발트는 전쟁의 참상을 직접 체험하지 않았다. 그럼에도 그는 사후 출판된 인터뷰에서 이렇게 밝혔다. "나는 예전부터 내가 그 시간에서 비롯했다는 생각을 가지고 있었는데 그것이 점점 더 강해집니다. 만약 시간 고향이라는 말을 할 수 있다면, 내가 가장 흥미를 느끼는 시기인 1944년에서 1950년을 나의 시간 고향이라 할 수 있습니다."[27] 그가 시간 고향에 느꼈던 것은 애착이나 친밀감이 아니라 오히려 두려움, 증오, 거부였다. 자신의 이름 빈프리트Winfried가 너무 나치적이라 생각해서 W.로 불리길 원했으며, 생애 대부분을 영국에서 보냈다.

제발트와 부데가 말하는 고향은 사전적 의미의 고향, 가령 나고 자란 곳 또는 조상 대대로 살아온 곳이 아니다. 시간 고향은 하나의 "기억된 감정의 풍경"이다. 어떤 세대에 속해 있다는 감정적 느낌이나 자각이라 말할 수 있는 시간 고향은 특정한 장소를 지칭하지 않는다. 비슷한 나이대의 사람들, 곧 고향 친구들과 함께한 시간 그리고 그들과 함께 살아낸 시간을 통해서 정의된다. 시간 고향 친구들, 줄여서 시간의 향우鄕友는 공간 근접성을 통해 가까워진 것이 아니다. 시간의 향우들은 유사한 경험을 통해 만들어진 공통의 감정과 감각으로, 가까운 또는 이웃한 느낌을 지니게 된다. 내가 "벗어날 수 없는 뭔가를, 그리고 나와 비슷한 연배들과 공유하지만 명백히 언급되지 않는 '우리'라는 감정의 토대인 뭔가"[28]를 나는 시간의 향우들과 공유한다. 또한 시간 고향은 "망각에 대항하여 이의를 제기"한다. "제발트는 자신이 속한 세대에게 그들의 끔찍한 기원을 기억하라고 요구한다." 마지막으로 시간 고향은 "역사의 단절"이다. 이전과 다른 역사에서 자신과 동년배들의 결속을 찾는다. 요컨대 시간 고향은 결코 벗어날 수 없는 '우리 감정'의 토대이고, 망각에 이의를 제기하고, 단절을 통해 세대를 결속한다.

정리하자. 시간 고향이 세대 정체성의 근거로 작용하는 방식은 두 가지다. 첫째, 조화롭고 애착을 느끼는, 친밀한 시간 고향이다. 막스 베버의 유명한 문구에 빗대어 표현하면, 시간 고향은 거친 대양에서 살아가는 사람들이 제자리를 찾는 법을 배울 때까지 잠시나마 피난할 수 있는 항구Nothafen다. 피난항으로 잠시 퇴각한 사람들은 안식을 취한 뒤에 다시 거친 바다로 나갈 것이다. 그곳에서 그들은 옛 모습 그대로인 과거를 응시하며 고단한 현재를 잊는다. 둘째, 조화롭지도 않고 애착을 느낄 수도 없는, 생경한 시간 고향이다. 안식을 취하거나 피난하기 위해 그곳으로 퇴각하지 않는다. 끔찍한 시간 고향은 그들에게 그 역사를 잊지 말라고 촉구하면서, 그 역사와 그에 동참한 윗세대와 단절함으로써 시간의 향우들을 뭉치도록 만든다. 그들은 과거를 응시하면서도 미래를 생각한다. 아니, 미래를 생각하기에 참혹한 과거를 응시한다.

시간 고향을 중심으로 만들어진 동년배 집단, 줄여서 시간의 향우회가 바로 '세대'다. 시간 고향은 대체로 어떤 사건의 모습으로 감지된다. 그러한 사건은 당연하게도 대중매체를 통해 알려지고 저장된다. 매스미디어가 공적 영역에 제공한 동일시 또는 일체화할 수 있는 대상을 중심으로 잠재적 세대 구성원들의 공통점이 절충되면서, 또한 다른 세대 구성원들과의 차이가 부각되면서 세대 공동체가 형성된다. 잠재적 세대 구성원들이 동일시·일체화할 수 있는 대상에서 카를 만하임은 "형성적 힘들," 곧 세대를 형성하는 힘들이 작동한다고 보았다.[29]

〔사건의〕 내용들 그 자체는 결속을 만들어내는 주요 요소가 아니다. 대부분 자료를 형성하고 자료들에 성격과 방향을 부여하는 그러한 형성적 힘들이 단위를 만들어낸다. 이와 같은 형성 경향이 일상적인 슬로건부터 이성적인 사유 체계에 이르기까지 종종 작동하고 있다. 이것의

사회적인 의미는 이 경향에 의해서 그리고 그 경향 안에서 개인들을 사회적으로 결속시키는 데에 있다. 슬로건, 몸짓 표현, 또는 예술작품의 심오한 '감정적' 의미는 사람들이 이러한 것들의 도움을 받아 내용뿐만 아니라 이러한 것들 안에 묻혀 있는 형성 경향들과 집합으로 결합하는 기본 태도들을 자신 안에 받아들이며, 또한 사람들이 이렇게 수용함으로써 일종의 집합적 바람에 참여한다는 사실에 있다.[30]

잠재적 공통점만으로는 세대가 만들어지기 힘들며, 동일시할 수 있는 구체적 대상에서 발현하는 형성적 힘들이 그들을 하나의 단위로 결집시킨다는 것이다. 그러한 형성적 힘들이 "일상적인 슬로건부터 이성적인 사유 체계에 이르기까지, 명백하게 고립된 몸짓부터 완성된 예술작품까지" 종종 작동하면서, 개인들을 세대로 결속시킨다. 형성적 힘을 지닌 구체적인 일체화 대상들이 잠재되어 있던 구성원들을 하나의 세대로 결집시킨다. 이를테면 저마다 고립된 채 살아가는 잠재적 구성원들이 강렬하게 애착을 느끼는 '대상'을 통해 자신과 유사한 사람들이 존재한다는 사실을 인식하고, 그로써 사회적 고립을 극복하고 공동체를 실현할 수 있게 된다.

영국의 정신분석가 크리스토퍼 볼러스는 형성적 힘을 지닌 일체화 대상을 "세대 대상generational objects"이라 불렀다.[31] 세대 대상은 "세대 정체성의 감각을 길러주는 (……) 문화적 대상의 하위종"이다. "빵을 함께 나눠 먹는 사람들을 벗이라고 한다면, 세대 대상을 함께 나눠 먹은 한 무리의 사람들, 즉 세대 대상을 제공받고, 소화하고, 그 결과로서 사회적 실재에 대한 하나의 시각을 천천히 형성하는 사람들이 세대다." 그런데 각 세대는 자신들의 정체성에 특별한 의미를 지닌 고유의 세대 대상을 선택하기 마련이다. "그것은 사람, 사건, 사물이 될 수 있다." 모든 세대 대상은 다른 세대에게도 중요할 수 있지만, 그것은 보통 또 다른 의미를 지니게 된다. 다양한 모습을 가질 수 있는 세대 대상은 원칙적으로 무한한 경험의 어떤 단층에 대한 기억을 증식하고 보존한다. 그것은 그 세대의 시간(의 고향)에 대한 상호 이해를 진작한다.

독일 68세대는 다양한 세대 대상들을 가졌는데, 프랑크푸르트의 비판이론가(사람), 홀로코스트(사건), 비틀스

(음악) 등이 그 예라 할 수 있다. 홀로코스트는 68세대뿐만 아니라 다른 세대에게도 중요하게 인식되지만, 윗세대는 감추고 싶은 사건으로 또 아랫세대는 자신과 아무 관련 없는 일로 치부한다. 그러나 68세대는 희생자와 자신을 동일시한다. 희생자의 입장에서 그 사건을 보게 되면, 윗세대는 '가해자 세대'이며, 따라서 그들과의 절연은 당연한 귀결이다. 자신과 상관없는 일이라 치부하는 아랫세대는 불편한 역사를 망각하려는 파렴치한이다. 그렇게 68세대는 자신의 세대 대상인 홀로코스트를 통해 정체성을 유지한다.

볼러스는 카를 만하임의 세대 이론에 충실히 따른다. 만하임은 청소년기의 경험이 세대 정체성의 기초가 된다고 말했는데, 볼러스도 그와 유사하게 세대 대상의 확정이 그 세대가 청소년기일 때 이루어진다고 보았다. 더욱 흥미로운 것은 이른바 "생애의 역사화Historisierung der eigenen Biographie" 개념이다.[32] 볼러스는 발달심리학의 입장에서 그 개념을 적용한다. 사람들은 나이가 들어가면서(40~50대) 자신의 생애를 역사화한다. "자신을 세대 대상으로부터 다시금 분리한다"는 뜻이다. 그러한 분리를 통해 한 세대는 세대 대상에서 벗어나, 드디어 "자신의 시대에서 삶을 살아간다." 그런데 독일의 68세대는 일종의 분리 장애에 시달리면서, 생애의 역사화에 실패했다. 홀로코스트를 역사화한다는 것, 즉 지난 일로 치부하는 것을 "배신"으로 생각한다. 68세대는 그러니까 "사춘기의 해석 틀"에 집착한다. 시간이 지났음에도 또 그들 자신도 곧 역사가 될 것임에도, 역사를 보는 자신들의 시각이 여전히 주도권을 쥐어야 한다고 믿는다. 다음을 기억하자. 68세대만이 분리 장애, 즉 생애의 역사화에 실패한 것은 아니다.

뒤로 돌아가거나 "앞을 향해 달리는 향수"

시간 고향과 마찬가지로 세대 대상도 둘로 나뉜다. 첫째, 피난항으로서의 세대 대상이다. 격렬한 변화로 인해 고단해진 현실을 잊고자 세대 대상을 응시한다. 파악 불가능하고 거친 현실의 삶에서 잠시 피신하여, 세대 대상을 통해 조화롭고 친밀하고 영광스런 과거를 떠올림으로써 세대 정체성이 마련된다. 그러한 세대 대상은 과거 지향적인 반동, 곧 복고적 향수를 불러일으킨다. 향수는 과거가 당시 얼마나 끔찍한 현재였는지를 잊게 만들어 그것을 아름답게만 비춘다. 현재와 미래의 불확실성과 그에 대한 두려움이 그 어느 때보다 커진 지금, 향수로 조명된 과거는 더욱 매력적이다. 1960년대 일본에서도 어떤 미래를 살아가야 할지에 대한 격렬한 투쟁이 있었다. 투쟁을 이끌던 극좌파 학생들 앞에서 극우 사상가 미시마 유키오는 선언했다. "나는 오지도 않을 미래에서 내 행동의 근거를 마련하지 않는다. 대신 나는 그것을 과거에서 찾는다."[33]

둘째, 참혹하고 끔찍한 세대 대상이다. 도피나 위안을 찾기 위해 세대 대상을 응시하지 않는다. 너무 끔찍하기 때문이다. 그럼에도 그것을 응시하는 까닭은 그 역사를 잊지 않기 위함이다. 그 역사를 만들어낸 가해자와 공모자와 단절하기 위함이다. 과거와 단절함으로써 세대 정체성이 형성된다. 과거를 잊지 말고, 그것에 책임이 있는 자들과 절연하고, 결국 과거를 청산하고자 노력함으로써 '우리'가 만들어진다. 그들은 과거를 응시하면서 미래를 생각하기보다, 미래를 생각하기에 과거를 응시한다. 복고적 세대 공동체에게 향수가 아름다운 과거를 그리워하는 것이라면, 부끄러운 과거에 대한 향수는 단지 "앞을 향해 달리는 향수," 그러니까 과거를 청산하여 앞으로 나아가도록 만드는 그리움이다.[34] 미시마 유키오의 표현을 패러디하면, '나는 부끄러운 과거에서 내 행동의 근거를 마련하지 않는다. 대신 나는 그것을 과거로 오염되지 않은 미래에서 찾는다.'

복고적 세대 공동체는 영광스런 과거를 복원하고자 하지만, 진보적 세대 공동체에게 참혹한 과거는 여전히 진행 중이다. 하지만 양자는 생애의 역사화에서 같은 어려움을 겪는다. 자신들을 시간 고향과 세대 대상으로부터 분리하지 못한다. 자신들의 시간이 지나 역사가 되었으며, 이제 새로운 세대의 시간이 도래했음을 인정하지 못한다. 오히려 그러한 역사화 작업을 배신이라 생각한다. 말 그대로 두 세대 공동체 모두 세대교체라는 자연적이며 사회적 필연성을 부정한다. 그러한 부정을 무조건 나쁘게 볼 필요는 없다. 모든 세대가 그러하기 때문이다. 대체 누가 자신의 시대가 지났음을 순순히 인정하겠는가. 생애의 역사화는 번민으로 가득한 고통스런 작업이다.

6

6장 세대 투쟁

―시간의 실향민이라는 정치 세대의 등장

9

서로 으르렁대는 촛불과 맞불의 대립은 광장을 넘어 나라 전체로 확산되었다. 촛불은 젊고 맞불은 노숙하다. 고로 촛불과 맞불의 대립은 세대들의 싸움이다. 책을 여기까지 읽으신 독자라면 당연히 의문이 들 것이다. '어떤 세대를 말하는 거지?'

세대로 광장의 소란을 설명하는 사람들은 당연히 부모와 자녀 세대의 대결이라 말한다.[1] 그런 해석은 많은 정보를 담는 듯 보이지만, 너무 느슨해서 결국엔 그 어떤 쓸 만한 정보도 담지 못한다. 촛불 집회에 참여한 수많은 부모와 맞불 집회에 나간 수많은 자녀는 어쩔 것인가. 아무리 나이 드신 분들이라도 그들 역시 누군가의 자녀라는 얘기는 차마 안 하겠다.

이렇듯 엉성한 세대 갈등 프레임이 널리 쓰이는 이유는 뭘까? 당연히 타성과 관성의 덕이다. 맞불 집회를 보면서, 이곳에 어르신들이 많으니 다른 곳은 젊은이가 중심이겠지. 또한 편리함과 같은 세대의 매력 때문이다. 그러나 내 생각에 중요한 바는 세 가지다. 인지부조화와 그것을 이용하려는 세대 게임의 플레이어, 그리고 새로운 정치 세대의 등장이다.

1. 인지부조화는 사람을 가리지 않는다

촛불과 맞불의 대립은 세대 투쟁인가

겉모습만 보면, 촛불과 맞불의 대립은 젊은이와 어르신의 싸움처럼 보인다. 특히 맞불 집회를 생각하면 그런 결론에 도달하기 쉽다. 그곳에서 노인들은 정말 사회 전체와 상대했다. 하지만 촛불 집회의 경우, 그것을 특정 연령층이 주도한 것으로 보기 힘들다. 사실 광장 집회는 흐르는 물과 같아서 그 참여 인원의 속성을 적확하게 판별하기 어렵다. 일단 여론조사가 밝혀낸 탄핵에 대한 연령별 의견으로 그 윤곽을 가늠할 수 있다. 탄핵과 관련해서 오랫동안 많은 조사들이 있었지만, 공통적으로 다음과 같이 말한다. 첫째, 탄핵을 찬성하는 의견은 20~30대에서 90퍼센트 이상, 60대 이상에서 50~60퍼센트 정도. 둘째, 모든 연령층에서 탄핵 찬성 의견이 우세했다. 셋째, 찬성 의견이 반대 의견의 대략 네 배 정도 된다. 그에 비추면 이것이 세대 투쟁이라는 주장은 명백한 과장이다. 그렇다고 연령에서 비롯한 차이를 무시할 수도 없는 노릇이다. 분명 긴장이 존재하지만, 그렇다고 대결이라 말하기는 민망하다. 60대 이상에서도 탄핵 반대가 찬성에 비해 소수이기 때문이다.

조금 더 상세한 내역이 필요하다. 촛불과 맞불 집회 참여자의 속성을 보여주는 두 조사가 있다. 촛불 집회 참여자에 대해서는 서강대 현대정치연구와 『내일신문』의 조사, 맞불 집회 참여자에 대해서는 이현출과 장우영의 조사를 보자. 서강대 현대정치연구와 『내일신문』은 2016년 12월 말 촛불 집회 참여에 대한 대국민 여론조사를 실시했다.[2] 그에 따르면 촛불 집회에 직접 참여한 사람은 전체 국민의 23.9퍼센트였다. 참여하지 않은 사람들은 여건이 맞지 않아 참여하지 못한 사람(49.8퍼센트)과 무관심하거나(6.7퍼센트), 그에 반대하는 사람(9.8퍼센트)으로 나뉜다. 그러니까 친촛불은 73.7퍼센트, 반촛불은 9.8퍼센트다. 연령

별로 보면, 아래 표와 같다.

영역	변수	참여	미참여		
			여건 때문에	무관심	목적 반대
연령	20대	30.3	52.1	6.2	2.4
	30대	29.3	60.9	2.8	3.7
	40대	29.7	54.6	2.0	4.8
	50대	23.4	43.9	6.7	14.6
	60대 이상	10.5	40.4	14.3	20.6

인구사회집단별 촛불 집회 참여

20~40대까지 각각 30퍼센트 정도, 50대는 23.4퍼센트, 60대 이상은 10.5퍼센트가 촛불 집회에 참여했다. 참여하지 않은 사람들 중에 여건 때문에 참여하지 못한 층은 20~40대의 경우 각각 52~61퍼센트 정도, 50대는 43.9퍼센트, 60대 이상은 40.4퍼센트였다. 촛불 집회에 반대하는 사람들은 20~40대에서는 각각 2.4~4.8퍼센트, 50대는 14.6퍼센트, 60대 이상은 20.6퍼센트였다. 60대 이상에서 다른 연령대에 비해 반대가 많지만, 같은 연령대의 찬성(참여+여건상 미참여)을 보면 과반이 넘는다(약 51퍼센트). 같은 기준으로 50대를 보더라도 찬성은 77퍼센트가 넘고,

반대는 14.6퍼센트였다. 연령에 따라 차이가 있지만, 50대는 말할 것도 없고 60대 이상에서도 다수는 찬성 의견이다. 맞불 집회 참여자의 연령대는 비교적 순수하다. 이현출과 장우영 등이 수행한 2017년 3월 1일 15차 맞불 집회 현장 조사[3]에 따르면, 맞불 집회 참여자의 연령별 구성은 다음과 같다. 20~40대가 24퍼센트, 50~70대가 76퍼센트였다. 참여자가 가장 많았던 연령대는 60대로 29.4퍼센트, 그 뒤를 50대(25.8퍼센트)와 70대(20.9퍼센트)가 따른다.

요약하면, 촛불 집회 참여자는 연령적으로 순수하지 않고 맞불 집회 참여자는 순수하다. 하지만 전체 국민들의 의견을 고려한다면 크게 기울어졌다. 60대 이상의 고령층에서마저 양자는 대등하지 않다. 이로써 광장의 대립과 국론 분열을 세대 갈등으로 보려는 관점 자체가 편향되어 있음을 알 수 있다. 양자가 대립하지만 대등하지는 않다. 게다가 맞불 집회는 고령자가 주도하지만, 촛불 집회는 그렇지 않다. 따라서 세대 갈등을 전면에 내세우면 문제 사안에 대한 이해보다 오해가 커질 수 있다. 그렇다고 세대가 아무런 역할을 하지 않는 것도 아니다. 맞불 집회를 특정 세대가 주도했기 때문이다. 그 세대는 '연령 세대'가 아니라 '정치적 정체성을 지닌 세대'다. 맞불 시민을 하나의 정치 세대로 봐야 하는데 인정하기 불편하다. '기껏해야 돈에 팔려 나온 사람들 아닌가'라면서 그냥 무시하고 싶다. 불편함과 무시하고자 하는 욕망을 억누르고 그들을 좀더 샅샅이 살펴야 한다.

잠깐, 그런데 왜 그들의 존재가 불편하고 그들을 무시하고 싶은 거지?

인지부조화, 불편한 진실 외면하기

최근 몇 년 동안 정말 많은 일들이 있었다. 한국뿐만 아니라 세계 도처에서 이해할 수 없는 일들이 정말 많았다. 도널드 트럼프의 당선이나 브렉시트나 유럽 전역의 인종주의 정당들의 인기에 대해서는 말을 아끼겠다. 이곳이 이 모양인데 남의 일에 참견할 여력이 없다. 그렇지만 나는 현실감 없는 현실 앞에서, 서구의 지식인들과 마찬가지로, 은밀히 생각했다. 이게 다 "무식한 유권자들"[4] 때문이야. "심리적이거나 문화적 결함"을 지닌 맞불 시민들은 "선동가에 의해서 조종되는" 마리오네트이거나, 돈에 매수된 알바일 거야.

그러한 추정에는 모두 단단한 증거가 있다. 알바설과 관제 데모설은 청와대와 전경련과 공권력과 언론 권력과 극우 단체의 매우 발달된 네트워크로 뒷받침된다. 청와대가 기획하고 전경련이 돈을 대고 공권력이 거들고 언론이 변죽을 울리고 극우 단체가 행동을 한다. 마리오네트설도 마찬가지다. 맞불 "집회의 수준과 분위기를" 보면 알 수 있다.[5] "연단에 올라 있는 주요 목사님들이 가슴에 붙인 명찰[에] 한글로 진행(요원)이라 적고 그 위에 영어로 이렇게 써놓았다. 'STEFF.'" 그런 수준이 마리오네트라는 증거다.

단단한 증거들에 근거한 추정에 고정관념과 편견을 더한다면 맞불 시민을 명쾌히 정의할 수 있다. 그들은 친박단체(박사모, 어버이연합, 엄마부대), 극우 기독교인, 특정 지역민, 문화 자본이 부족하고 돈에 매수된 노인들이다. 그런데 정말 그걸로 충분할까? 맞불 시민의 외국 동료들은 정말 큰일을 해냈다. 트럼프를 당선시켰고, 브렉시트를 통과시켰고, 장 마리 르팽(프랑스 국민전선)이 큰 꿈을 꾸도록 허락했으며, 오스트리아와 네덜란드와 독일에서도 '열일' 중이다. 고정관념과 편견과 같은 심리사회적 장치에 기대어 다루기에 그들은 너무 '중重'해졌다.

지난 시간을 되돌아보자. 대통령 스캔들의 폭로와 탄핵, 그리고 다음 대통령 선거가 그 짧은 시간 안에 이루어졌다. 정말 놀라운 점은 이거다. 그런 일들을 겪고도 24퍼센트의 유권자들이 전 대통령과 동조 세력들을 지지했다. 새로 선출된 대통령의 개인(적 인)기 덕에 그들이 줄었지만, 언제 다시 옛 모습을 되찾을지 모른다. 그들의 속내를 찬찬히 따져야 한다. 다만 그들만 살핀다고 문제가 해결될까? 혹시 그들을 보는 나도 어떤 문제를 지닌 것은 아닐까?

나도 예외는 아니다

결코 겸손하지 않았던 베르톨트 브레히트가 스승으로 인정했던 거의 유일한 사람이 카를 코르슈Karl Korsch였다. 코르슈는 매우 독창적인 방식으로 카를 마르크스를 해석하여, 후일 비판적 마르크스주의가 정립하는 데 크게 기여했던 인물이다. 말년의 코르슈가 현실감각을 상실한 채 자신의 사상만이 옳다는 아집과 독선을 보였기에, 브레히트는 애석해했다. "나의 스승은 실망한 사람이었다. 생각한 대로 세상이 굴러가지 않았다. 이제 그는 자신의 사상이 아니라 달리 진행된 세상에 책임을 전가한다."[6] 이론과 현실이 자꾸 어긋날 때 이론가가 취할 수 있는 태도는 두 가지다. 현실에 맞게 이론을 수정하든가, 이론의 완전무결함을 믿으며 현실을 부정하든가. 코르슈는 후자의 방법을 택했다. '내 이론이 잘못된 게 아니라 현실이 미친 거야.'

맞불 시민을 보면서 느낀 실망을 나는 코르슈의 방식으로 해결했다. '사람들은 박 대통령 같은 거짓말쟁이를 지지하지 않을 것이다'는 기대와 '거짓말쟁이의 말을 믿는 사람들이 아직도 많다'는 현실의 부조화를 줄이기 위해 내 기대를 현실에 맞게 점검하고 수정할 수도 있었다. 사람들이 거짓말쟁이임을 뻔히 알면서도 그를 지지하는 까닭을 알아냈어야 했다. 진실과 거짓보다 더 중요한 무엇이 투표나 지지 성향에 영향을 미친다는 사실을 고려하여 내 기대를 고쳤어야 했다. 하지만 나는 내 "사상이 아니라 달리" 생각하는 사람들에게 "책임을 전가"했다. 내 생각을 더 정교하게 만들기보다 그들이 나와 다르다고 단정함으로써 내가 이해할 수 없었던 문제를 해결했다. '맞불 시민은 모두 무식한 멍청이일 뿐이야.' "자신과 의견이 다른 사람에게 본인과 비교할 수 없도록 특별한 속성을 부여하"는[7] 관찰자들이 다행스럽게도 또는 안타깝게도 적지 않다. 나만 게으른 건 아니라는 다행스러움, 하지만 나 외에도 그런 편한 해결책을 택한 사람들이 적지 않다는 안타까움.

앞서 맞불 집회 참관기가 보여주는 바처럼, 그 사람들의 이상한 행동에 당혹해하다가도 잘못된 영어 철자 표기에 안도한다. '수준이 저 정도니 그런 이상한 행동을 하지.' 그런 방식으로 기왕의 고정관념이 더 강해진다. 그들이 친박단체, 광신도, 무식하고 돈에 매수된 늙은이들이라는 고정관념은 당혹감을 진정시키는 안정제다.

반대쪽에 선 사람들도 비슷하다. 2017년 4월에 있었던 촛불 집회 관련 발표회의 일이다. 촛불 집회 참여자에 대한 연구 결과가 발표되었다. 발표회가 끝날 즈음에 이미 은퇴한 교수들의 질문이 이어졌다. 한 질문자는 노골적으로 물었다. "조직에 의해서 동원된 촛불 참여자들도 적지 않았을 텐데 어느 정도였나요?" 발표자들뿐만 아니라 그 자리에 참석했던 다른 연구자들이 이구동성으로 답했다. "언급이 필요 없을 정도로 적습니다."[8] 촛불 시민에 대한 반대편의 고정관념을 나름 저명하다는 원로 교수의 입으로 확인한 사례였다. 맞불 시민의 거울 이미지로서 촛불 시민들의 프로파일도 이미 완비되어 있다. 사회 도처에 암약한 종북 세력, 돈에 매수되거나 민노총에 의해 동원된 사람들, 전교조에 세뇌된 젊은이들, JTBC와 같은 가짜 언론에 놀아난 사람들!

자신과 다른 생각을 지닌 사람을 이상한 부류로 간주함으로써 당혹감과 불편함을 진정(감소)시키는 것은 의도한 전략이 아니다. 인간에게 내장된 심리사회적인 방어기제다. 이를 사회심리학자들은 인지부조화 이론으로 설명한다. 어떤 결정을 내렸는데 그것이 잘못된 것일 수 있다는 생각이 들면서 느끼는 불편함, 이것이 인지부조화다. 그러한 불편함을 해소하기 위해서 결정을 철회하거나, 자신의 결정을 합리화한다. 그런데 합리화 과정이 생각처럼 합리적이지 않다. 가령, 내가 오랜 고민 끝에 비싼 자동차를 샀다고 치자. 차를 직접 몰아보니 생각보다 품질과 성능이 만족스럽지 않다. 낭패감은 당연지사, 그렇다고 차를 반품하거나 되팔자니 손해가 막심이다. 결정을 되돌릴 수 없다면 생각을 바꾸면 된다. 결정을 합리화하는 방법을 무의식적으로 찾게 된다.

첫번째 방법은 정보 편식이다. 정보 편식은 자동차를

부정적으로 평가하는 정보는 멀리하고, 좋게 말하는 정보에만 귀 기울이는 것이다. 어차피 결정을 철회할 수 없으니 부정적 정보는 마음을 불편하게 할 뿐이고, 긍정적 얘기에 자연스레 마음이 더 간다. 성능에 대한 아쉬움을 자동차의 또 다른 강점, 구매 결정에 아무런 영향도 미치지 않았던 강점으로 보충하는 것도 그에 속한다. 또한 다른 결정이 더 나았을 수 있다는 생각이 들지 않도록 조심한다. 경쟁 차종을 좋게 평가하는 정보는 멀리하고, 그에 대한 부정적 정보에는 각별히 관심을 갖는다.

정보 편식이 더 빛을 발하려면, 뜻을 같이하는 사람의 지원과 지지가 필요하다. 이것이 두번째 방법인데, 지지 세력을 찾아 나서는 것, 사람 편식과 새로운 지지 세력의 확보다. 이 경우 자동차 동호회 활동이 제격이다. 그 차를 '애정'하는 사람들이 모인 동호회니까 정보 편식이 더 쉽고 편하다. 의심이 들 때마다 그 사람들을 생각하면 된다. 더 나아가 새로운 팬들을 찾아 나선다. 내 차(를 타는 삶)의 탁월함을 널리 알려 새로운 동료(소비자)를 충원하려 노력한다. 든든한 동호인들과 새로운 소비자의 존재가 내 결정이 올바르다는 증거다.

그런데 정보와 사람 편식 그리고 새로운 소비자 충원을 할 수 없는 상황이 있다. 직장에서 단체 여행을 갔다. 어쩌다 내 비싼 자동차가 화제에 오른다. 그러면서 다시 불편해지기 시작한다. 내 결정이 잘못된 것일 수 있다는 생각이 들어서다. 몇몇 직장 동료들이 그 자동차의 품질에 심각한 문제가 있으므로 내 안전을 위해서라도 차를 반품하라고 권한다. 인지부조화가 심해진다. 이럴 때 "사회적 의견 불일치에 기인한 부조화를 감소하는 세 가지 방법"이 있다.[9] "내 의견을 바꾸든지, 그들을 설득하여 의견을 수정시키든지, 아니면 내 의견과 다른 그 사람들을 별종으로 생각"하든지. 즉 차를 반품하든지, 나에게 조언을 한 동료들을 설득하든지, 아니면 그 동료들을 자동차를 모르는 '또라이' 취급 하든지. 인지부조화와 그것을 감소시키는 기제는 촛불과 관련한 사태에서도 적용될 수 있다.

인지부조화와 촛불

일단 현재 한국의 시민을 두 부류로 나누자. 촛불에 찬성하는 촛불 시민, 그에 반대하는 반촛불 시민. 촛불 시민은 사연에 따라 크게 두 부류로 나뉜다. 애당초 박근혜 정권과 주변 세력들을 불신했던 시민, 구촛불이라 하자. 국정 농단 사태를 보면서 지지를 거둔 시민, 신촛불이다. 구촛불에게 박근혜 정권은 언제나 의심의 대상이었다. 신촛불은 애초 그들을 신뢰했으며, 반촛불과 함께 구촛불을 불신하고 배척했다. 사태가 밝혀지기 불과 몇 달, 아니 며칠 전만 하더라도 많은 사람들이 다음과 같이 생각했다. "저는 솔직히 말해서 대통령이 나라를 팔아먹어도 35퍼센트는 지지할 것이라고 본다." 유시민 작가가 2016년 1월 5일 JTBC 좌담에서 한 말이다. 나라를 팔아먹는 일에 준하는 사태가 밝혀졌고, 콘크리트 지지율은 깨졌으며, 반촛불에서 신촛불들이 탈출했다. 신촛불은 결정을 되돌렸고, 의견을 수정했다. 반촛불은 의견 수정을 거부하면서 신념을 지켰다. 그들이 어떻게 신념을 지켜냈을까.

반촛불은 우선 정보 편식을 통해 자신의 신념을 지켰다. 박근혜의 잘못을 알리는 정보를 회피하고, 그 정보의 오류를 알리는 정보를 찾고 모았다. 한때 친숙한 벗이던 TV조선을 공격하고 손석희를 저주했다. 정보 편식의 목표는 사실 확인이 아니다. 오로지 자신의 신념이나 믿음의 정당화다. 또한 사회적 지지를 통해 자신의 신념을 지켰다. 사회적 지지를 통해 부조화를 감소시키려는 노력은 두 가지 모습으로 나타난다. ① 지지를 주고받는 빈도의 증가다(사람 편식). ② 새로운 사람들에게 이 신념이 옳다고 설득하려는 시도가 증가할 것이다(일종의 개종·전도 활동).

①과 관련하여 SNS나 모바일 메신저의 활약이 중요하다(후에 맞불 시위 참가자의 대항 공론장 논의도 참조). SNS나 모바일 메신저 활용에 있어서 연령별 차이가 크며, 특히 젊은 사람들과 중·장년층이 "노는 물"이 다르다.● 나이가 많을수록 그룹형 커뮤니티 서비스인 '카카오톡'(줄여서 '카톡')이나 '밴드'에 대한 충성도가 높다. 지인 기반의 폐쇄형 서비스 '카톡'은 결성 목적이 뚜렷한 점이 특징이며, 구성원 간 신뢰도와 친밀도가 높은 점 또한 주목할 만하다. 맞불 시민은 주로 '카톡'과 같은, 이른바 폐쇄형 소셜 미디어를 통해 정보를 유통하고 편식했다. 이미 알고 지내는 지인(예컨대 같은 교회 사람)들에게만 개방된 폐쇄형 소셜 미

● 전통적인 SNS는 콘텐츠의 생산과 공유를 발판으로 다양한 사람들과 사회적 관계를 맺는 데 강조점이 있지만, '카카오톡'과 '라인'과 같은 모바일 메신저는 메시지의 전달을 주된 목적으로 하는 서비스다. 여기서는 양자 차이를 무시하겠다. 김예나, 「"노는 물이 다르다"… 1020 페북·인스타 대 4050 밴드·카스」, 『연합뉴스』, 2016-12-18.

디어는 정보 편식에 최적화된 수단이자 개종과 전도 활동의 무기(②)다. 그 수단은 "서로를 격려함으로써 계속 간직하고자 했던 신념에 반대되는 증거들의 타당성을 거부"[10] 할 수 있도록 돕고, 신념을 같이하지 않는 사람들을 설득하는 데 효율적이다. 그러니까 폐쇄형 소셜 미디어와 인터넷은 신념을 어렵게 지키려는 자들에게 천국이다. 정보와 사람 편식을 쉽게 만들고 개종과 전도 활동의 비용이 적기 때문이다. 검색 엔진(예컨대 구글)은 지들이 알아서 내가 좋아할 만한 정보는 모아주고 싫어할 만한 것은 차단한다(필터 버블). 폐쇄형 소셜 미디어는 비슷한 확증 편향(정보와 사람 편식)을 지닌 사람들을 반향실echo chamber에 넣어준다. 반향실 속에서 나는 내가 좋아하는 얘기만 자주, 크게 들을 수 있다.

①은 쉽게 이해되지만 ②는 반직관적이다. 어떻게 "사람들이 어떤 신념 체계가 잘못되었다는 분명한 증거에 노출된 후에도 그 신념 체계에 더 열렬히 빠져드는 명백한 모순"이 생기는 걸까. 종말론적 예언(휴거)을 근간으로 하는 종교운동을 보면 그 모순을 이해할 수 있다. 예언이 실패했을 때 우리가 생각할 수 있는 것은 이 정도일 거다.

'이제 그것을 더는 믿지 않겠군. 믿음을 버림으로써 인지부조화를 해결하겠지.' 그러나 그렇지 않은 경우도 있다. 오히려 그들은 "메시지를 믿는 사람들이 더 많아진다면, 그들의 신념과, 그 메시지가 사실이 아니었다는 것을 아는 지식 사이의 부조화는 줄어들 수 있"다고 믿으면서 전도 활동에 총력을 기울인다. 쉽게 말해서, 믿음의 동지를 더 많이 만들게 되면, 내 믿음이 더 안정된다.

나는 신촛불과 맞불 시민이 나뉘는 지점이 정보 편식과 사회적 지지 사이에 있다고 생각한다. 신촛불은 박근혜의 약속이 거짓이었음이 발각되었을 때, 처음에는 정보 편식을 했을 것이다. 그런데 너무 명확한 증거 앞에서 정보 편식만으로 부조화의 압력에 저항할 수 없었을 것이다. 그들은 신념을 버리고 의견을 바꿈으로써 부조화를 줄였다. 그와 달리 반촛불은 정보 편식에 사람 편식을 더하고 전도 활동에 나서 인지부조화 압력에 저항했다. 그들은 서로를 격려함으로써 계속 신념에 반대되는 증거들을 거부했다. 더불어 적극적인 전도 활동, 그러니까 집회뿐만 아니라 의견을 달리하는 사람들을 설득하기 위해 노력했다. 예를 들어 박사모의 정광용 회장은 박사모 카페에서 요구했다. 집회가 끝난 후에 "젊은이들이 좋아하는 맛집에서 천천히 식사를 하면서 자연스럽게 언론의 거짓말, 태극기 집회의 의미 등에 관해 얘기를 나눠달라."[11] 아마 독자들 중에 비슷한 경험을 하신 분들도 있을 것이다.

반촛불의 미래는 어떨까. 정광용 회장은 2017년 6월 폭력 시위 주도 혐의로 구속되었으며, 또 다른 여러 혐의 등으로 추가 입건되었다. 맞불 시민의 처지도 그리 밝지 않다. 맞불 집회에서의 영광스런 투쟁도 재현될 가능성이 없거나 적다. 그들은 이제 역사가 되었다. 그런데 정말 그럴까? 그들이 다시금 정치 세력으로 부상할 가능성은 커 보이지 않지만, 그냥 과거의 일로 치부하고 넘어가면 될 문제일까?

카를 코르슈의 선례와 우리 자신의 인지부조화를 상기하자. 나는 맞불 어르신의 고함과 구호 뒤에 우리가 귀를 기울여야 할 비명 섞인 메시지가 있다고 생각한다. 그들을 그냥 토론과 설득이 불가능한, 우리와 전혀 다른 별종으로 다루지 말아야 할 이유도 있다고 생각한다. 그들을 '정치 세대'로 본다면 메시지와 이유가 더 명확해질 것이다.

2. 1970년대라는 시간 고향과 신성한 삼위일체

정치 세대?

일반적인 정치 세대는 "정치적·문화적으로 사회를 주도하려는 그룹"이며, 그들은 "보통 '세대'로 자신을 묘사한다. 이로써 그들의 동일한 전기적 위치(동년배), 그들이 겪은 공통의 경험, 그리고 구래의 것들을 교체하려는 정당한 요구에 사람들이 주목하도록 만드는 것이다."[12] 이를 따른다면, 맞불 어르신을 정치 세대로 정의하기 곤란한 점들이 있다. 두 가지다.

첫째, 맞불 어르신들이 자신들을 세대라고 칭하는가. 아니다. 그러나 세대라는 용어를 사용하지 않더라도 그들의 표현인 '애국시민'에는 세대의 요소가 새겨져 있다. '우리가 어떻게 세우고 지킨 나라인데 너희들이 그걸 망치려 하느냐!' 운동과 세대 자의식 간의 시차는 자주 일어난다. 운동의 시기에 주도 세력은 스스로를 세대라 부르지 않지만, 후일 그것을 회고하면서 자신들을 세대라 규정하는 경우가 많다. 68운동 당시 가장 왕성한 활동가의 한 명이었던 질피아 보펜셴은 20여 년이 지난 후에 이렇게 말했다. "1968년에 우리는 아직 68세대가 아니었다."[13] 당시 스스로를 세대로 명확하게 인식하지 못했지만, 후에 활동가의 개인적 경험이 집합적 '우리'에 녹아들었을 때 비로소 세대로 변했다. 운동의 시기에는 참여자가 세대로서의 자의식을 갖기 힘들다는 것이다. 한국 86세대의 경우도 흡사하다. 1980년대 활동가들은 자신을 세대라 표현하지 않았지만, 앞서 인용한 한창민의 증언이 보여주듯이, 운동이 끝난 후에 비로소 자신들을 세대로 인식하였다. 세대 형성에는 일종의 배양을 위한 시간incubation time이 필요하다. 말하자면, 맞불 어르신은 아직 배양기에 있다.

둘째, 맞불 어르신의 동년배적 성격과 공통의 경험은 뚜렷하지만, 그들이 구래의 것을 교체하려는 요구를 한 것은 아니지 않은가. 맞다. 그러나 세대 운동을 언제나 세대 교체를 요구하는 "청년의 반란"으로 인식해서는 곤란하다.[14] 오히려 "최근 세대 갈등 담론은 청년의 반란에서 노인 세대의 사회정책적 위치로 전환했다." 이에 대해서는 2장과 3장에서 충분히 다뤘다. '연약함, 수동성, 절망'과 같은 속성이 노인보다 청년에게 더 어울리는 것처럼 보이는 것이 오늘날 현실이다. 그러나 "최근 세대 갈등 담론"과 맞불 어르신이 엇갈리는 부분이 있다. 맞불 어르신들은 '정체성 세대'지만, 서구의 노인 세대 담론은 '연령 세대'와 연관된 것임을 잊지 말자. 정책 담론의 대상이 되는 노인들은 그러한 담론을 생산하고 조율하는 세대 게임의 플레이어에 의해서 단지 분류된 단위일 뿐이다. 그렇게 분류된 세대는 나름의 정체성과 의사와 행동을 보이지 않는다. 그와 달리 '정체성 세대'인 맞불 어르신은 고유한 의사와 행동을 보여준다. 맞불 어르신의 정치적 요구는 세대교체가 아니라 세대 '유지'다. 아직 너희들에게 넘기지 못하겠다! 맞불 어르신은 구래의 것을 유지하거나 아예 그것으로 귀환하기를 요구한다. 그들의 구호가 '쿠데타'와 '계엄령'이었음에 주목하자. 그들의 정치적 요구는 현재의 것을 과거의 것으로, 민주주의를 퇴행적 보수주의로 교체하자는 것이다.

맞불 어르신은 아직은 배양기 상태이고, 세대교체가 아니라 현 상태의 유지나 과거로의 회귀를 요구한다. 첫번째 사항은 모든 정치 세대들이 거치는 과정이지만, 두번째 사항은 맞불 어르신의 특성을 반영하는 것이다. 나는 맞불 어르신의 특성을 '연령 단계의 고충과 코호트적 경험의 고유한 결합'으로 설명하겠다.

한국에서 노인이 겪는 나름의 고충이 있다. 그 고충은 사회적 고립과 함께 노인들의 삶을 힘겹게 한다. 그들은 또한 고유한 삶의 경험을 지니고 있다. 박정희 시대에 청소년기나 청년기를 보냈다는 것이다. 그러한 경험을 보수적인 세대 게임 플레이어들이 적극적으로 활용했다. 그리고 국정 농단과 탄핵을 거치면서 나타난 인지부조화 역시 활용 대상이다. 말하자면, 정치 세대인 맞불 어르신은 다섯 가지 요인들이 결합한 결과물이다. ①노인으로서의 고충, ②사회적 고립, ③시간 고향에서 비롯한, 세대 대상을 중심으로 응집한 공통의 경험, ④세대 게임 플레이어들의 역할, ⑤시간 고향의 상실이 야기한 인지부조화. ①과 ②

는 사회적 맥락, ③은 세대 형성의 필요조건, ④와 ⑤는 충분조건이다. 요컨대 정치 세대로서의 맞불 어르신들은 세대 게임 플레이어들의 도움과 탄핵이 야기한 인지부조화 때문에 세대로 결정結晶되었다. 차례대로 살피자.

한국에서 노인으로 산다는 것

한국에서 노인으로 산다는 것은 진정 힘든 일이다. 한국은 OECD 국가에서 최악의 노인 빈곤율과 최고의 노인 자살률, 최고의 실질은퇴연령을 자랑한다. 50세까지 한 자리 수준이던 빈곤율이 나이가 들면서 급상승한다.[15] 대부분의 OECD 국가에서는 전체 빈곤율이 노인의 그것에 비해 더 높다. 그러나 한국의 경우, 노인일수록 더 가난하다. 노인 빈곤율은 전체 인구 빈곤율의 세 배 이상이며, 연령대가 높아질수록 빈곤율도 올라간다. 65세 이상부터는 OECD 평균의 네 배 수준에 이를 정도로 높아진다. 2015년 OECD 보고서에 따르면, 한국의 65세 이상 노인의 상대 빈곤율은 49.6퍼센트로 OECD 평균 12.6퍼센트보다 압도적으로 높은 1위이며, 2위 국가의 빈곤율(24퍼센트)의 배에 이른다. 더욱이 그 증가 속도도 매우 빠르다. 2006년 43.9

퍼센트에서 지속적으로 증가했다. OECD 회원국 가운데 한국은 노인 자살률 1위로, 65세 이상 노인의 자살률은 10만 명당 81.9명꼴로 미국의 5.6배, 일본의 4.7배에 달한다. 70세 이상 노인 자살률의 경우는 10만 명당 116.2명으로 다른 나라의 노인 자살률(5.8~42.3명)에 비해 최대 20배에 달한다. 노인 자살의 상당수는 이른바 '빈곤 자살,' 즉 가난해서 자살하는 것이다. 노인 범죄의 증가 역시 심각하다. 위 사항들에 비하면 최고의 실질은퇴연령쯤은 큰일이 아닌 듯 보인다.

이러한 고충들은 사회적 고립으로 그 심각성이 더 커진다. 통계청에 따르면, "한국 노인 100명 중 25명은 매우/거의 고립된 삶을 살고 있다."[16] 그들은 사회 활동(취업 여부, 단체 참여, 봉사 활동)에 참여할 수 없거나 참여하지 않으며, 사회적 지원(일상적·재정적·심리적 차원)에서도 소외된 상태다. 사회적 고립은 그 자체로 안 좋은 일이지만, 민주 시민의 품성을 키우는 데도 해가 된다. 이를테면 사회적으로 격리된 어르신의 작은 세계는, 특히 정치적인 의견과 관련하여 의견이 한쪽으로 쏠리고 극단적이 되는 확증편향을 키울 우려가 크다. 어르신들은 "지역 공동체 안에서 구전을 통해 정치색을 단일하게 만들어가는" 경향이 있다."[17] 김혜경과 마경희가 1950년대 중·후반에 출생한 여성들의 생애 과정을 심층 면접한 결과에서도 그러한 경향이 확인된다. 그들은 취업 활동을 제외하고 다른 종류의 사회참여가 매우 제한적이며, 동창회나 향우회 또는 종교 활동을 중심으로 사회적 접촉이 이뤄지고, "특히 고향에 계속 거주하면서 지속되는 동창회 활동 등은 정치적 정보 교류를 촉진함은 물론, 정치적 입장의 동질성을 제고하는 효과를 가지고 있다고 보인다."[18] 김혜경과 마경희의 연구가 비록 노인이 아닌 장년 여성을 다루지만, 그 결과를 확대 해석해도 무리는 아닐 거다.

노인 연구가 공통적으로 지적하듯이 "한국 노인의 지위가 우려될 만큼 변하고 있"지만, "노인이 주체가 된 노인 운동이 두드러지지 않는다는 점"도 특기할 만하다.[19] 기존의 "노인운동단체"들은 '노인의 단체'일망정(자리가 노인들로 채워진) '노인들을 위한 단체'(노인의 권익을 위한)는 아니다. 거의 유일한 창구, 그들의 목소리를 대변한다는 창구가 자칭 보수 정당이다. 20세기 말 한국의 정치 지형에서는 '지역'에 따라 상이한 정치적(투표) 성향이 갈등의 중

심축이었지만, 21세기 들어 '세대 균열'이 주된 축으로 "점진적으로 진화"하였다.[20]

1970년대라는 시간 고향

'시간 고향'은 하나의 기억된 감정의 풍경이다. 어떤 세대에 속해 있다는 감정적 느낌이나 자각이라 말할 수 있는 시간 고향은 특정한 장소를 지칭하지 않는다. 비슷한 나이대의 사람들, 곧 고향 친구들과 함께 살아냈던 '시간'을 통해서 정의된다. 지리적이며 공간적 고향에 비해 시간 고향이 갖는 명백한 강점은 상대적 불변성이다. 공간적 고향은 급격한 사회변동, 특히 도시화에 의해서 그 형체를 보존하기 어렵다. 그에 반해 시간 고향은 변화에 면역되어 있다. 실체가 없기 때문이다. 개인과 집합적인 기억 속에 존재하는 시간 고향은 상황, 맥락, 필요에 따라 각기 다른 모습과 형식으로 소환되면서도, 그것의 불변적 실체성에 대한 '믿음'으로 그 상태를 유지한다. 베른트 바이스브로트의 말마따나 "어떤 시간 고향에 속한다는 것은 함께 경험한 현실보다 과거를 향한 투사에 더 가깝다."[21] 같은 시간 고향을 갖는다는 것은 함께 뭔가를 경험했는지 여부보다, 과거를 향해 '함께' 뭔가를 투사하는지가 더 중요하다는 것이다.

1970년대에 중·고등학교를 다녔고 1980년대에 대학 생활을 했던 나로 말하면, 대화 상대나 맥락과 필요에 따라 시간 고향을 다른 형식과 모습으로 소환한다. 예컨대 '시대의 아픔'에 무지한 학생들과 대화할 때는 정치적(정치화된) 기억을, 과거 자신이 겪었던 궁핍을 '자랑'하는 윗세대와 말을 섞을 때는 나도 겪었던 물질적 결핍을, 바로 아랫세대와 대중문화의 계보와 관련해서 논전을 벌일 때는 내가 맛봤던 소비자본주의 전야의 풍경(나이키 운동화-조다쉬 청바지-이태원의 네온사인)을 소환한다.

정치적 기억과 물질적 결핍의 기억과 소비자본주의의 전야에 대한 기억은 해석적 다툼에서 주도권을 쥐고자 할 때 사용하는 알리바이다. 즉, 시간의 타향인들과의 해석적 다툼에서 우위를 겨룰 때 요긴하다. 시간 고향에 대한 다채로운 기억은, 그것이 비록 지어낸 것이라 해도, 거짓이 아니라 단지 사실과 주장 사이에 암약하는 것들이다. 대화 상대방, 맥락, 대화에서 내가 얻고자 하는 것에 따라 기억은 다른 모습으로 호출된다. '우리 때는 말이지~'로 시작되는 시간 고향의 소환과 그에 근거한 세대 이야기는 사실과 허구와 주장이 뒤엉킨 곳에서 잉태되어 성장한다. 주장은 기억에 기대어 현재와 미래를 담아내는 수사적 장치다. 주장에 담긴 기억은 언제나 현재의 필요와 미래에 대한 기대를 함께 간직한다. 필요와 기대에는 자부심이나 고통이 서려 있으며, 그것을 함께 나누는 상상의 공동체, 곧 시간 고향의 친구들이 그 뒤에 서 있다.

시간 고향의 친구들, 줄여서 '시간의 향우'는 비슷한 시기를 비슷한 연령대에 살아냈기에 얻어진 유사한 경험에서 비롯한, 공통의 감정과 감각을 공유한다. 그러므로 시간 고향에서 세대 정체성이 잉태된다. 나는 지난 세기 전환기부터 어떤 시간의 향우회가 형성되기 시작했다고 생각한다. 그런데 조심스럽다. 세대 명칭이 자아낼 사회적 효과를 엄중히 생각하기 때문이다. 어쨌든 방금 말한 시기에 1970년대를 시간 고향으로 하는 향우회가 형성되었다고 말하겠다. 1970년대를 기준점으로 삼은 까닭은 박정희 시대를 염두에 두었기 때문이다.

여기서 '박정희 시대'는 독재자 박정희가 통치했던 시기를 말하기보다 그의 통치 시기에서 비롯한, 하지만 오늘날에 이르기까지 한국 사회에서 중요한 역할을 하는 정치 이념, 역사관, 가치관, 세계관 등의 기원을 말한다. 기원이라는 용어를 쓴 이유는 "박정희 체제기는 '우리 시대의 정치경제적 기원'"이자, "오늘날 한국 사회의 지배 담론, 제도 그리고 지식 체계의 '모태'가 형성된 시기"이기 때문이다.[22] "발전과 성장의 절대화, 지도자와 영웅 숭배, 국가와 민족에 최우선 가치를 부여하〔기〕, 표준에서 벗어난 개인과 집단을 '적'이라고 부르는 배제와 차별, 군사주의, 직계 혈통 이외 집단과의 연대 거부, 순수 혈통에 대한 우월감, 민주주의는 토론이 불필요하다는 사유 방식, 성공을 위해서는 어떤 방법을 써도 무관하다는 가치와 세계관의 원형이 만들어진 시기"도 바로 그때다. 현재의 가치와 세계관의 원형이 그에 있다는 것은 박정희가 한국의 국부나 그에 상응하는 지위를 지녔다는 뜻이 아니라, 그의 흔적과 자취가 여전히 우리 삶에 큰 영향을 미친다는 뜻이다.

그런데 왜 하필 1970년대인가. 왜 1960년대는 아닌가. 첫째, 1960년대는 시기적으로 너무 멀다. 우리는 지금 시간 고향을 중심으로 형성된 세대를 다룬다. 편의를 위해 그냥 카를 만하임의 도식을 따르면, 10~20대의 나이로

60년대를 살았던 사람들로 세대를 한정하면 그 양이나 폭이 너무 제한될 수 있다. 둘째, 70년대에 박정희 시대를 특징짓는 요소들이 등장했고, 제도화되었고, 시민(아니 국민)의 삶에 안착했다. 유신을 통해 독재 레짐이 안정되었고, 산업화를 통한 개발주의가 실현되었고, 외부 열강에 휘둘리지 않겠다는 민족주의가 자리를 잡았다. 그러한 정치·경제·정신의 세 기둥으로 받쳐진 반공주의가 완성되었다. 반공주의를 필두로 하고 세 기둥으로 받쳐진 박정희 시대는 1970년대에 많은 사람들의 두뇌와 마음(김홍중)과 감정과 몸을 사회화하고 주조鑄繰했다. 박정희 시대를 살아낸 어르신들이 자신들을 주조한, 더 정확하게는 그랬다고 믿는 1970년대를 향수한다.

한 세대의 시간 고향은 언제나 시의적절하다

1970년대를 다룬 많은 연구자들은 박정희 시대에 각인 또는 사회화된 경험에 강조점을 둔다. 그에 반항할 생각은 전혀 없다. 반항은커녕 열렬히 동의한다. 그렇지 않고서야 그 시기를 시간 고향이라 부를 이유가 없지 않은가. 다만, 그렇게 사회화된 결과가 현재를 사는 사람들의 생각과 행동을 그냥 '결정'하리라는 암시에 대해서는 이견이 있다. 과거의 경험이 어르신들에게 당연히 영향을 미치지만, 그들을 결정하지는 않는다. 그러한 경험에서 현재로 이어지는 과정을 규명하는 것 이상을 해야 한다. 그러니까 경험과 역사는 현재의 필요조건이지 충분조건까지는 아닌 것이다. 박정희 시대를 살아낸 사람들이 있다는 것은 필요조건이고, 그 사람들이 시간 고향을 세대 정체성의 구심점으로 삼게 된 '지금의 까닭'이 충분조건이다. 이는 기본적으로 기억에 대한 의구심과 연관된다. 정치학자 김원도 이렇게 묻는다. "시간과 공간에 따라 달라질 수 있는 있는, 이른바 가변적인 기억을 어느 정도 신뢰할 수 있을까?"[23]

세대 정체성의 구심점이 어르신들의 시간 고향에 대한 기억인데, 가변적인 기억을 쉽게 믿을 수 없다? 그렇다면 그것이 어떻게 구심점 역할을 할 수 있겠는가. 김원은 다음과 같이 답한다. 기억이 "과거에 대한 진실을 규명하기 위"해 필요하지만, "과거와 현재의 관계를 규명하는 도구이기도 하다." 요컨대 세대 정체성의 핵심은 시간 고향에서 함께 취득한 경험과 기억이 아니라, 시간 고향을 향해 투사한 현재의 요구와 주장이다. 나는 앞서 내 경우를

빌려 이렇게 말했다. 내 시간 고향에 대한 기억은 시간의 타향인들과의 해석적 다툼에서 우위를 점하고자 할 때 요긴한 알리바이다. 맞불 어르신 역시 마찬가지다. 그들은 현재적 필요에 따라 시간 고향에 대한 기억과 주장을 활용한다. 그들의 현재적 필요의 큰 윤곽을 앞에서 살폈다. 어르신들의 삶은 고통스럽고, 사회적으로 고립되었으며, 자신들의 목소리를 낼 형편도 아니다. 하지만 그들에게는 아직 시간 고향과 그에 대한 기억이 남아 있다. 아니, 오로지 그것만 남아 있다. 그것만이 현재의 처참한 상황에 대한 요구와 주장을 담아낼 도구이자 그것을 비춰줄 스크린이다.

맞불 어르신의 상황을 독일의 재건 세대의 그것과 비교해보면 흥미로운 지점들이 드러난다. 독일의 재건 세대는 참혹한 전쟁 피해를 복구한 세대다. 그 세대를 대표하는 인물을 말하는 "세대적 원형"이 이른바 "폐허의 여인Trümmerfrau"이다.[24] 사진이나 다큐멘터리로도 널리 알려진 폐허의 여인들은 폭격으로 완전히 파괴된 건축물의 잔해를 몸소 치워, 도시와 나라의 재건에 앞장선 것으로 알려졌다.[25] 물론 그것은 사실과 차이가 크다. 전쟁 중에도 폭격으로 인한 피해가 많았기 때문에 그 잔해를 치우는 전문적인 조직이 이미 있었다. 남성들이 수적으로 현저히 적었던 베를린에서 폐허의 여인들이 실제로 잔해 처리에 참여했던 것은 사실이다. 하지만 그들은 한시적으로(1945~1946년) 활동했을 뿐이고, 또 도시나 국가 재건이라는 숭고한 목적이 아니라, 일종의 실업자 구제 조치인 생필품 배급 카드를 받기 위해 참여했다. 게다가 잔해 처리는 처벌의 의미를 지닌 강제 노동의 성격이 짙었다. 전쟁 중에는 강제 수용소 수감자가, 전후에는 나치 부역자가 동원되었다. 소수의 진짜 폐허의 여인들은 자신들의 '활약'을 그래서 수치스럽게 생각했다. 그들의 실제 생각과 관계없이 당시 미디어들은 그들을 재건의 영웅으로 칭송했고, 그러한 보도가 크게 인기를 끌었다. 그들을 영웅으로 띄우려는 미디어의 노력에는 현재적 필요가 깔려 있었다. 잔해 처리 작업에 동원되던 사람들의 사기를 진작하고, 도시와 국가의 재건을 독려하려는 현재적 필요가 있었던 것이다.

약 40년 후에 다시금 폐허의 여인들이 조명받았다. 그 이유 또는 현재적 필요는 두 가지였다. 첫째, 1986년 연금 개혁의 실시로 정책 차별을 받게 된 1921년 이전에 출생한 여성들의 불만이 커졌다. 독일 최초의 시니어 정치 조직인 '회색 팬더Graue Panther'가 활동을 시작한 것도 그때였다. 회색 팬더는 폐허의 여인 이미지와 용어를 통해 자신들의 지지자를 규합하려 애썼다. 독일을 재건했지만 연금 개혁에서 차별받게 된 시니어들을 폐허의 여인 세대로 부름으로써, 자신들의 든든한 지지자로 거듭나기를 원했다. 둘째, 1980년대부터 활발해진 "새로운 여성운동"의 필요 때문이었다. 당시 새로운 여성운동은 여성주의적 시각에서 나치 시기와 전후 시기의 할머니와 어머니 세대에 대한 새로운 역사적 평가에 힘썼다. 할머니 세대는 나치의 희생자이며 어머니 세대는 전후 재건에 혁혁한 공로를 세운 영웅으로 칭송되었다. 폐허의 여인은 독일을 재건한 어머니 세대의 표본이 되었다.

그로부터 20년 후, 그러니까 종전 60주년인 2005년 언저리에도 다시금 폐허의 여인들이 조명되었다. 그 이유 또는 현재적 필요는 20년 전의 그것과 형태만 달리할 뿐 거의 유사한 궤적을 그렸다. 전쟁의 산증인들은 더 적어졌고, 그들의 형편은 줄어든 연금과 노화로 인해 더 열악해졌으며, 그들에 대한 사회적 관심 역시 감소했다.[26] 전쟁의 산증인들은 자신들을 폐허의 여인이라 부름으로써 자신들의 공헌, 그러니까 나라의 재건을 위해 자신들이 희생한 것에 대한 정당한 보상을 원했다. 자신들의 열악해진 재정 상황, 악화된 건강에 대한 국가의 보살핌, 그리고 무엇보다 자신들의 공헌에 대한 인정이 그것이다.

구술사 연구자 말테 티센이 함부르크의 노인들과 구술사 인터뷰를 진행하면서 마주하게 된 한 가지 흥미로운 사례가 있다. 기젤라 베른젠Giesela Bernsen은 전쟁 당시 의료인으로 일했고, 전쟁 막바지에 함부르크를 벗어나 인근 지역으로 소개疏開되었으며, 도시 재건이 끝난 후에야 비로소 함부르크로 귀환한 인물이다. "폭격의 잔해를 본 적이 별로 없다"고 했던 그는 인터뷰 과정에서 이렇게 말했다. "내가 폐허의 여인으로 잔해 속을 헤집고 다녔는데……" 이 진술은 두 가지 점에서 현실과 다르다. 직업상 그는 잔해 속을 헤집고 다니지 않았으며, 함부르크는 베를린과 달리 폐허의 여인이 잔해 처리에 동원되지 않았다. 그러한 모순된 진술들은 그가 거짓말쟁이라거나, 그의 기억을 믿을 수 없다는 증거로 볼 수 없다. 그것은 바로 역사의 산증인들이 현재적 필요를, 전후의 폐허라는 시간 고향에 투사하기에 나타난 결과다. 반복한다. 세대 이야기에서는 '경험'보다 '투사'가 더 중요하다.

독일 재건 세대의 원형이 폐허의 여인이라면, 한국의 1970년대 시간 향우회의 원형은 누구일까? 김원이라면 "박정희 시대를 살아가던 아버지 세대"라 말할 것이다.[27] 아버지 세대는, 앞서도 언급했던 가치와 세계관을 "조국과 민족의 가부장인 박정희와 더불어 만"들었다. 우리 시대의 정치경제적 기원을 가부장인 박정희가 홀로 세운 것도, 아버지 세대가 독자적으로 만들지도 않았다. 아버지들의 아버지인 박정희가 비전을 제시하고, 아버지들이 그에 응답하면서 '대한민국'의 가치와 세계관을 '함께' 만든 것이다.

나는 2014년 개봉하여 무려 1400만 관객을 동원한 영화 「국제시장」(윤제균 감독)의 프로타고니스트 '윤덕수'(황정민 분)야말로 김원이 말한 아버지 세대의 원형이라 생각한다. 권유리야가 말한 바처럼, "「국제시장」은 아버지로서의 덕수가 아니라 아버지의 명령을 수행하는 아들로서의 덕수에 관한 영화다. 가족을 완성하는 아들 덕수의 삶이 「국제시장」의 핵심인 것이다."[28] 영화에서 윤덕수의 가족은 현실의 국가를, 북에 남겨진 아버지는 부하에게 암살

당한 박정희를 은유한다. 윤덕수는 부재한 아버지의 명령(가족의 수호, 조국의 근대화)에 응답하여 가족과 국가의 완성을 위해 최선을 다한다. 그는 동생의 결혼 자금을 마련하기 위해 베트남전쟁에 참전했고, 다른 동생의 대학 등록금을 벌기 위해 독일에서 광부로 일했다. 자기 자신이 아니라 부재한 아버지를 대신하여 가족(과 국가)을 위해 목숨을 걸고 최선을 다했던 것이다. 1970년대 시간 향우회 역시 그러한 역사적 굴곡을 경험(직접 체험은 아니더라도)했다. 마치 기젤라 베른젠이 자신을 폐허의 여인으로 상상하듯이, 그들 역시 자신을 조국 근대화를 위해 희생했던 산업 역군이나 새마을 역군이라고 상상한다.

영화의 안타고니스트는 덕수에게 희생을 비의지적으로 강요하는 동생들, 가족의 완성을 위한 숭고한 희생을 이해하지 못하는 아내, 그리고 "아버지에게 과시할 완성된 가족의 증거물"인 가게 꽃분이네를 팔라고 채근하는 자식들이다. "영화는 시대에 뒤떨어진 듯한 고집불통 할아버지의 삶을 이해해보라는 듯, 덕수의 과거와 현재를 교차해 보여준다. (……) 젊은 세대는 오늘날 덕수의 소외를 증명하기 위해서 등장한다. 이 영화가 만들어지는 이유와도 밀접하다. 영화는 '우리 시대에 꼰대 취급 받는 어르신들을 위로하고 그들의 삶을 이해하는 것'을 표방한다. 영문 제목이 아버지를 위한 송가Ode to my father다."[29]

전혀 다른 삶의 궤적을 보여주지만 두 가지 세대 원형, 곧 기젤라 베른젠과 윤덕수의 공통점은 이거다. "역사적 산증인들의 세대 경험 이야기는 자신들의 경험과 현재의 요구에 주의를 기울이도록 요청하는 것이다. 그래서 세대성 연구는 과거의 체험과 마찬가지로 화자의 현재적 삶에도 주목해야 한다."[30] 기젤라 베른젠이 현재적 필요를 전후 재건기라는 시간 고향에 투사한 것처럼, 현실의 윤덕수들도 현재적 필요를 '1970년대'라는 시간 고향에 투사한다. '조국 근대화'를 위해 자신들이 희생한 것에 관심을 가져달란 말이다. 자신들의 공헌을 인정하라는 요구다. 그에 더하여 열악한 살림살이와 악화된 건강에 대한—사회와 국가의 보살핌까지는 아니더라도 적어도 그에 대한—관심을 원한다. 따라서 "한 세대의 시간 고향은 언제나 매우 시의적절하다." 그들의 경험이 현재의 요구라는 필터를 거쳐서 시간 고향의 스크린에 투사되기 때문이다. 과거 경험이 지금의 요구에 따라 각색되어 시간 고향에 대한 추억으로 상영되기 때문에 시의적절한 것이다. 요컨대, 1970년대 향우회원들의 세대 이야기는 그들의 현재 고충과 시간 고향에 대한 기억이 결합된 요구이자 주장이다.

벗들아, 우리의 시간 고향이 파괴되고 있다!

「MB의 추억」과 「트루맛쇼」로 널리 알려진 김재환 감독은 2017년 10월 개봉한 영화 「미스 프레지던트」에서 박근혜 전 대통령의 지지자들을 좇았다. 그는 그 영화에 관한 인터뷰에서 다음과 같이 말했다. 매우 의미심장한 구절이 곳곳에 있어 길게 인용한다.

> 박정희·육영수 신화가 영원하기를 바랐던 노인들을 쫓아다닌 감독은 그들을 **부정하기보다는 먼저 속내를 차근히 들어보는 쪽을 택했다**. "박정희 시대를 그리워하는 남자와 여자의 언어가 달랐다. 여자들은 '내게도 육영수 여사 같은 어머니가 있었더라면……' 하고 탄식했고, 남자들은 한결같이 '그때 얼마나 살기 좋았습니까'라고 말을 맺곤 했다. 그 시절 유일하게 사람대접 받으며 사는 듯 보인 여자처럼 되고 싶은 소망 속에서 '육영수 어머니론'이

만들어졌다면, 그전까지 잉여노동 취급을 받았던 남자들에겐 박정희가 자신들에게 '새마을운동 역군'이라는 **존재 의미**를 부여해줬다는 판타지가 존재한다." 일상적으론 착하고 선량한 이들 노인들의 믿음을 바꾸는 것은 불가능해 보였다.

"실은 산업화 시대의 저임금 노동자라는 값싼 연료로 자신을 태우며 젊은 시절을 견뎌온 그들에겐 **객관적인 사실과 토론이 고통이 된다**. 우리 쪽에서 그들을 알고 놓아버리는 청산 절차를 밟을 수밖에 없다"는 감독의 말에 따르면 「미스 프레지던트」는 '박정희 신화'를 떠나보내는 퇴마 의식 같은 영화이며, 그들에게 자긍심을 담보 잡힌 세대들을 위한 진혼굿이다. (강조는 필자)[31]

김재환 감독은 탁월한 사회 관찰자다. 세 가지 점에서 그렇다. 첫째, 박근혜 전 대통령의 지지자들을 빨리 부정하기보다 그들의 속내를 차근히 들여다보는 '이해'의 방법을 채택했다. 그가 관찰자의 인지부조화에 시달리지 않았다는 증거다. 김 감독은 그들의 공감할 수 없는 태도와 행동을 '그들을 별종으로 간주'하여 처리하지 않으려 애썼다. 대신에 그들 입장에서 사안을 보았다. 그들이 박근혜를 지지하는 까닭을 그의 부모인 박정희와 육영수를 추억하기 때문이라는 점에서 찾았다. 말하자면, 그들에게 '강직한 박정희 대통령, 자애로운 육영수 여사, 애처로운 영애 박근혜'는 따로 분리해서 생각할 수 없는 신성한 존재, 곧 '신성한 삼위일체'인 것이다.

박정희 일가와 50년 가까이 인연을 맺고 국정 농단에서도 중요한 역할을 한 김기춘은, 2009년 미공개 회고록 『오늘도 내 인생의 마지막 날인 것처럼』에서 박근혜를 이렇게 평가한다. 박근혜를 "당 대표로 모셔보니 아버지 박정희 대통령의 원칙과 판단력, 어머니 육영수 여사의 자애로움을 겸비해 훌륭한 정치 지도자로 성장했음을 실감했다. (당 대표 시절) 중요한 당무에 대해서 의견을 물어주시는 등 나를 신뢰하고 아껴주었다. 젊은 시절 부모를 충격적으로 여의고 오랫동안 마음 수양을 거듭하고 독서를 많이 한 결과 내공이 쌓였다."[32] 지도자 박정희는 소박·청렴했고, 굶주림을 끝장냈고, 근대화의 비전을 조국과 민족에게 제시하였다. 강직한 지도자 박정희의 거친 면을 자애로운 어머니 육영수 여사가 보완했다. 민족의 어머니로서 조국 근대화의 험난한 여정 속에서 탈락된 자들을 위해 헌신하는 모습을 보였다. 어린 나이에 고아가 된 가련한 영애 박근혜는 국가와 결혼하였다. 적의 흉탄에 돌아가신 어머니의 역할을 대신하면서 지도자의 길을 수련하였다. 배신자 김재규가 아버지를 시해한 후에 오랫동안 칩거했지만, 부모의 유지를 받들어 정치권에 입문하였고 결국 대통령이 되었다.

둘째, 김재환 감독은 1970년대라는 시간 고향과 신성한 삼위일체가 70년대 시간의 향우회원에게 각별한 의미를 제공함을 알아챘다. 시간의 향우회는 고유한 세대 대상을 지닌다. 세대 대상을 대하면 특정 연령대의 사람들은 과거에 대한 향수를 느끼고, 세대 정체성을 알아챈다. 세대 대상은 사람, 사건, 사물일 수 있다. 70년대 시간 향우회의 세대 대상이 바로 이 신성한 삼위일체다. 한국의 노인들은 복합적으로 소외되었다. 노인들을 위해 말하거나 행동하거나 정책 결정을 하지 않더라도, 박근혜의 존재 자체가 그들에게 의미를 제공한다. 그는 과거 찬란했던—진위 여부는 전혀 중요치 않다—나의 젊은 시절을 기억하게 한다. '비록 내가 지금은 변변치 않지만 소싯적에는 무려 조국 근대화를 위해 산업 역군이나 새마을 역군으로 일했단 말이지. 그런데 너희들은 나를 퇴물 취급 해. 박정희에 대한 비판은 날 업신여기는 거야. 육영수를 욕하는 것은 날 모욕하는 거야. 박근혜를 공격하는 것은 날 무시하는 거야.' 사실에 근거한 계몽은 그들에게 언어도단이요 신성 모독일 뿐이다.

셋째, 김재환 감독은 사실 여부를 따지고 토론하는 것이 특히 당사자에게 참을 수 없는 고통을 줄 수 있다는 것을 파악했다. '아는 체하고 잘난 체나 하는 너희들은 비루한 삶을 살아내느라 지쳐버린 나의 마지막 긍지, 위대한 일을 위해 내 젊음을 바쳤다는 긍지마저 짓밟으려 하는 거라고.' 특정 사안의 진위 여부를 가리고 효력이 사실성에 근거해야 한다는 것은 지식인의 금과옥조다. 하지만 당사자에게는 고통일 수 있다. 노벨 문학상 수상자 스베틀라나 알렉시예비치는 소련의 아프가니스탄 침공을 다룬 『아연 소년들』이란 작품이 군을 폄하했다는 이유로 고발당했다.[33] 이 작품에 격분한 것은 군 당국만이 아니었다. 일반 시민들, 예컨대 한 어머니도 그랬다. 그의 아들은 첫 전투에 투입되어 죽었다. 그 어머니는 『아연 소년들』을 비난하면서 알렉시예비치를 "배신자"라고 불렀다. 작가는 되물었다. "나타샤, 거기 적힌 얘기는 당신이 말한 것인데요?" 그러자 그 어머니는 대답했다. "그건 당신의 진리이고, 난 그 진리에 대해 아무것도 알고 싶지 않아요. 내게 필요한 것은 영웅 아들이니까요!" 알렉시예비치는 전쟁의 부조리함과 무자비함을 '사실'적으로 밝혔지만, 군은 그 청년을 영웅으로 '칭송'했다.

관찰자와 당사자는 전혀 다른 세상에 산다. 이를 클리퍼드 기어츠의 문화에 대한 설명으로 이해할 수 있다. 그는 문화를 세 측면으로 나눈다. 인지, 감정, 도덕. 아들의 전사는 의미의 영역에서 세 측면 모두를 포괄한다. 관찰자는 인지적 측면에 주력한다. 알렉시예비치는 이렇게 말한다. '아들의 죽음은 소련이 국제정치적 이익을 위해서 무모하게 침공한 결과입니다. 정말 헛된 죽음입니다.' 이와 달리 당사자는 감정이나 도덕에 충실하다. 나타샤는 아들의 의미 없는 죽음을 감정적으로나 도덕적으로 용납할 수 없다. '아니야, 내 아들은 영웅이라고. 나라를 위해 자신을 바친 참된 영웅이라고.' 무의미한 전쟁으로 어처구니없게 죽어버린 아들보다 숭고한 목적을 위해 자신을 희생한 전쟁 영웅이 감정적으로나 도덕적으로 감내하기 쉽다.

마찬가지로 지금 빈곤에 허덕이고, 자살 충동을 억지로 참으며, 게다가 빠른 사회 변화를 감당은커녕 이해할 수도 없는 데다가 젊은것들에게 무시당하고 천대받는다고 느끼며 살아가는 어르신들은, 신성한 삼위일체에 대한 팩트 공격을 인지적으로는 동의하더라도 감정적이며 도덕적으로는 용납할 수 없다. 박근혜 탄핵은 세대 대상의 파괴이고 시간 고향의 점거다. 그들의 고통을 승화할 유일한 창구가 오만방자한 '젊은' 놈들에게 철거당했다. 자부심의 원천이 버르장머리 없는 젊은것들에게 능멸되었다. 자기 주장의 근거가 적대적 세력에게 점거되었다. '벗들아, 우리의 시간 고향이 파괴되고 있다!'

초진실 시대의 반지성주의

갑자기 시간의 실향민이 되어버린 어르신들이 활용할 수 있는 유일한 무기는 무의식적인 심리사회적 기제다. 인지부조화를 감소시키는 메커니즘이 작동할 적기다. 현실에 맞춰 자신의 기대를 바꾸거나 그 사태에 대한 의견을 바꾸는 대신에, 자신의 결정을 합리화하고 정당화하려는 무의식적 노력, 즉 사회 지지층의 결집이 필요한 시기다. 그래서 시간의 향우회가 더 단단히 결속하기 시작했다. 시간 고향과 세대 대상을 수호하기 위해 연대하기 시작했다. 1970년대 시간 향우회가 결속하고 연대한 목적은 사실을 확인하려는 것이 아니다. 자신의 존재 의미의 회복, 손상된 자부심의 복구, 파괴된 피난항인 시간 고향의 복원, 점령된 세대 대상의 탈환, 자신들의 고통에 대한 공감의 확대가 그 목적이다.

진실과 진리가 우리를 언제나 행복하고 자유롭게 하지 않는다. 특히 당사자에게는 더욱 그렇다. 친박주의의 반지성주의가 각광받는 이유가 그에 있다. 사실보다 믿음, 팩트보다 기분이 더 중요하다. 믿음을 방해하는 사실은 불편하다. 기분을 망치는 팩트는 더럽다. 그래서 우리 시대의 영웅 도널드 트럼프는 선언했다. "팩트는 분위기를 망친다. 팩트는 반애국적이다."[34] 우리는 바야흐로 초진실의 시대post-truth era에 입장했다. 'Post-truth'는 보통 '탈진실' 또는 '포스트 진실'로 번역된다. 그 뜻의 한 꼭지를 나는 진실의 농단이라 생각한다. 농단의 정점은 역시 국정 농단이기에, 국정 농단의 주역인 '최순실'과 라임을 맞추고자 억지스레 '초진실'로 번역했다.

초진실 시대, 그러니까 진실 따위는 초월해야 하는 시대의 문을 열어젖힌 위대한 트럼프는 진실이나 사실을 비웃는다. 그는 간파했다. 중요한 것은 유권자들의 감정과 기분이다. 그것이 사실 따위에 방해받으면 안 된다. 그들의 기분에 거슬리지 않는 메시지가 중요하다. 기분을 망치지 않아야 진리로 용인된다. 그래서 독일의 논평자들은 새로운 시대의 진실을 "느낌적 진실"이라고 표현한다. 진실은 느낌이 좋아야 한다. 아니, 느낌을 해치는 것이 진실일 리 없다. 지식이 믿음을 압도했던 적도 있었다. 양자의 관계는 그러나 초진실의 시대에 역전되었다. 믿음이 먼저다 Belief first! 하긴 미국에서는 창조설(설계론)을 학교에서 가르친다고 하니, 위대한 트럼프 이전에 많은 예언자들이 있었음이 분명하다. 그렇다고 트럼프를 얕봐서는 안 된다. 그는 이미 20년 전에 새로운 시대를 감지했다. 1998년 『피플 매거진』과의 인터뷰 내용이다. "내가 만약 대선에 나간다면 공화당으로 나갈 거야. 공화당원들은 미국에서 제일 멍청한 애들이거든. 『폭스 뉴스』에 나오는 건 뭐든지 믿어. 내가 어떤 거짓말을 해도 걔들은 다 믿을 거야. 지지율이 엄청날 거라는 데 내기를 걸지."

트럼프 당선에 힐러리와 관련한 가짜 뉴스fake news가 역할을 했다는 평가가 많다. 방금 인용한 『피플 매거진』의 인터뷰도 사실은 거짓된 인터넷 정보bogus meme다.[35] 20세기 말에 대선 출마를 염두에 둔 적은 있었지만, 위와 같은 말을 한 적은 없다. 물론 위대한 트럼프는 2016년 공화당 경선 과정에서 다음과 같이 말했다. "뉴욕 5번가에서 사람을 죽여도 나는 한 표도 잃지 않을 거야." CNN의 보도다.[36] 당연히 트럼프는 CNN의 확인 요청을 거절했다. 그는 팩트를 중시하면서 분위기를 망치는 언론을 싫어한다. 언론도 그를 싫어한다. 제도권 언론과 트럼프의 불화는 어쩌면 운명이다. 트럼프와 같이 시대를 앞서가는 정치인에게 기존 언론은 너무 나태하게 '느껴지기' 때문이다. '아직도 팩트에 목을 매느냔 말이지. 중요한 건 유권자의 감정과 기분인데 그것을 모르다니.' 그래서 전 세계에 걸친 트럼프의 동료들은 언론을 불신한다. 트럼프 지지자와 독일의 동지들은 "거짓 언론"을 공격한다. 한국의 맞불 시민들도 마찬가지다. 그래서 외쳤다. "손석희를 끝장내자!"

전 세계의 맞불 시민들과 그들의 탁월한 지도자들은

선지자 트럼프의 "정치적 레시피"를 따른다.[37] 첫째, 정치적 주장의 근거는 팩트가 아니라 기분과 분위기다. 사실보다 기분에 맞는 주장을 해야 한다. 박근혜는 가족이 없으므로 돈에 욕심을 부릴 까닭이 없다. 둘째, 능숙하게 터부를 깨야 한다. "계엄령을 내려 질서를 회복해야 한다." 맞불 집회 당시 흔한 구호였다. 셋째, 부정에 능숙해야 한다. "저는 최순실을 모릅니다." 주장 때문에 문제가 생겨도 상관없다. 부정하면 된다. 넷째, 극단적 구성주의자가 되어야 한다. 실재는 없다. 기분에 맞는 느낌적 현실만이 존재할 뿐이다. 사실로 무장한 주장은 승리하지 못한다. 멋진 등장과 연출이 필요하다. 미국의 현 대통령 트럼프는 리얼리티 티브이 쇼 스타였고, 한국의 전 대통령 박근혜는 청와대 관저에 거울 방을 설치했다.

반지성주의가 현대 극우파의 정치적 레시피다. 세르주 알리미가 말한 바처럼 "우파는 반지성주의를 효과적인 정치적 무기로, 그리고 필요한 문화적 정체성으로 둔갑시켜버렸다."[38] 현대 극우파는 사실에 근거한 사안 파악을 무시한 채(복잡하고 불확실하다=지적이다=분위기를 망친다), 절박하게 고통에서 벗어나기를 요구하는 사람들의 기분에 맞는 느낌적 진실을 제시하는 데 탁월하다. 문제를 정의하고, 원인을 규명하고, 명확한 대책을 제시한다naming, blaming, claiming.[39] 가령 청년들의 취업이 어려워졌다고 하자. 노동조합이 청년 세대의 진입을 허락지 않아서 생기는 문제이며naming, 노동조합을 조종하는 욕심 많은 기성세대 정규직들이 원흉이기에blaming, 그들을 단죄함으로써 청년 일자리를 확보할 수 있다claiming.

초진실의 시대에서 어떤 조치의 실현과 성공 여부는 그다지 중요하지 않다. 문제의 원흉을 쉽고 빨리 "단두대"(전원책 변호사)에 세워서, 사람들의 분노를 배출하고 불만을 해소할 수 있는 돌파구를 마련하여, 그들을 지지자로 만드는 것이 훨씬 중요하다. 말하자면 현대 극우파는 기대와 현실의 불일치(인지부조화!)에서 비롯한 사람들의 고통을 착취하면서 지지자를 만든다. 현실에 맞게 기대를 조정하는 것이 어렵다면, 기대에 맞게 현실을 '창조'하면 된다. 느낌적 진실의 세상이 이미 시작됐다는 것을 감지하지 못하는 지식인들은 현실의 느낌적 창조가 망상이라고 떠든다. 정말 탁월한 분위기 '브레이커'다.

애당초 반지성주의자의 목적은 문제 해결이 아니다.

지지자를 동원·결집하여 적들을 무찔러 승리하는 것이다. 승리하면 망상을 현실로 만들 수 있다.● 반지성주의를 선도하다가 더 '센' 트럼프 덕에 빛이 바랜 "조지 W. 부시 대통령의 한 선임 정책고문은 어떤 기자에게 다음과 같이 말했다고 한다. 세상에는 두 부류의 사람들이 있다. 현실을 신중히 연구하면 해결 방법이 나온다고 믿는 사람들로 세

● 극우적 반지성주의를 다루는 과정에서 기대와 현실의 인지부조화를 일면적으로 평가한 것에 대해 짧게라도 보완하겠다. 인지부조화를 이야기하면서 현실에 부합하지 않는 기대를 망상이라는 식으로 평했지만, 그것은 지극히 '현실 순응적'인 관점일 수 있다. 기대에 맞춰 현실을 바꾼다는 것은 모든 지식인의 바람이자 꿈이다. 그에 찬성하지 않는 사람들이 그것을 망상이라 표현할 뿐이다. 그런 의미에서 보면 망상과 꿈의 구분은 지극히 가변적이며, 무엇보다 정치적이다. 어쨌든 기대와 현실의 부조화, 또는 다양한 신념들의 불일치에서 비롯한 인지부조화는 지금의 현실에 만족하지 못하는 사람들을 애쓰게 만드는 문화 발전의 동력임이 분명하다. 나 역시 음모론이라는 문화적 구성물을 통해 그에 대해 나름의 의견(『음모론의 시대』)을 냈지만, 추레한 사회학자의 말로 독자를 설득할 자신이 없다. 베스트셀러 작가인 유발 하라리를 인용하겠다. 하라리는 역사의 "정찰위성"에 탑승하여 인간을 관찰하는 방식으로 인지부조화의 힘에 대해 말한다. "인지부조화는 흔히 인간 정신의 실패로 여겨진다. 하지만 사실 그것은 〔인류 발전의〕 핵심 자산이다. 만일 사람들에게 모순되는 신념과 가치를 품을 능력이 없었다면, 인간의 문화 자체를 건설하고 유지하기가 불가능했을 것이다"(『사피엔스』, 조현욱 옮김, 김영사, 2015, p. 238). 요컨대 인지부조화는 부정적인 면모만을 지닌 것이 아니라, 현실에 만족하지 못하는 사람들이 느끼는 심리적이며 사회적인 고통으로서 현재 상태에 의문을 제기하게 만든다.

상의 작동 방식이 변했음을 모르는 자들이다. 또 다른 부류는 '역사의 주역들'이다. 이들은 역사가 흐르는 것을 관망하지 않는다. '우리가 이제 제국'이고 역사의 주역이므로 원하는 현실을 우리가 창조한다. '당신 모두는 우리가 하는 일을 그저 연구하는 처지가 될 것이다.'"[40] 반지성적 우파는 결국 인지부조화로 고통받는 다수의 지지를 얻어 승리함으로써, 망상과 느낌적 진실을 현실로 바꾸려 노력한다. 태블릿 피시의 실소유주가 누구든, 김용옥이나 트럼프가 박근혜 탄핵을 정말로 반대했든, 아니면 세월호 침몰을 전교조가 기획했든,[41] 무엇이 사실이고 진실인지는 중요치 않다. 승리하면 원하는 현실을 얻을 수 있다.

1970년대 시간 향우회는 자신들의 입맛에 맞는 느낌적 진실을 위해 투쟁했다. 그 결과가 맞불 집회다. 맞불 집회는 '느슨한' 세대를 '농익은' 정치 세대로 진화시켰다. 시간의 실향민(맞불 어르신) 세대의 진화 과정을 수식하는 두 형용사는 세대사회학자 박재흥에게서 빌린 것이다. 박재흥은 카를 만하임의 세 단계 세대 정의, 곧 '세대 위치, 실제 세대, 세대 단위'로 이뤄진 세대 정의가 다면적 세대 현상을 적절히 포착하기에는 미흡하다고 비판한다.[42] 세대 위치는 객관적 조건, 실제 세대는 다수의 세대 단위(세대 엘리트)를 포함하는 사회운동 세력이다. 만하임의 세대 정의가 사회운동에 초점을 맞춘 까닭에 다른 세대 현상, 예컨대 문화적인 세대 차이에서 비롯한 세대 현상 등을 경험적으로 포착하기에 어려움을 보인다고 하면서, 이를 보완하기 위해 세대 위치와 사회운동적 실제 세대 사이에 또 하나의 단계를 추가해야 한다고 주장한다. 박재흥은 이를 느슨한 또는 설익지 않은 세대라 부른다. "동년배를 관통하는 이러저러한 정신적·행태적 스타일, 느슨한 연대감이 형성되어, 그것들이 어느 정도 지속성을 가질 때 비로소 설익지 않은(농익은) 세대를 말할 수 있다."[43] 느슨하게 지속적인 세대는 설익은 세대 위치와, 사회운동을 수행하는 농익은 실제 세대의 사이에 위치한다고 할 수 있다.

나는 1970년대 시간 향우회를 느슨하고 지속적인 세대로, 시간의 실향민 세대를 농익은 실제 세대로 볼 수 있으며, 전자가 후자로 진화하는 과정에서 맞불 집회와 대항 공론장Gegenöffentlichkeit이 결정적 역할을 했다고 생각한다. 이제 시간 향우회의 진화 과정을 단계별로 살필 것이다. 먼저 세대를 활용한 지지자의 동원, 곧 지지자 세대 게임을 살핀 후에 맞불 집회와 대항 공론장의 역할을 다룰 것이다.

3. 시간의 실향민과 지지자 세대 게임

박정희 향수와 세대의 회고적 증감

1970년대 시간 향우회가 느슨하고 지속적인 세대로서 결집하기 시작한 것은 21세기에 들어서다. 그 시기부터 선거 행태에서 장·노년층의 보수화가 점차 강해졌다. 성경륭은 16대 대선(2002년)과 18대 대선(2012년)을 비교하면서 다음과 같이 말한다. 16대 대선에서는 "노무현-이회창을 비슷한 비율로 지지했던 40대가 10년 후 50대가 되면서 급격한 보수화 경향을 보였고(15~19퍼센트포인트의 보수 투표 증가), 56퍼센트 내외가 이회창 후보를 지지했던 50대는 2012년 60대가 되면서 보수 후보에 대한 지지가 무려 20퍼센트포인트나 증가되었다."[44] 성경륭을 포함해서 많은 연구자들처럼 장·노년층의 보수화를 연령 효과의 결과로 해석할 수도 있다. 하지만 앞서도 말했듯이, 나이가 들수록 보수적이 된다는 것은 신화에 불과하다. 장신기는 그러한 신화를 비판한다. 그것은 오히려 보수 세력이 그들의 집합적 "기억을 (……) 정치적으로 활용"하여 그들 "세대에게 하나의 정치적 정체성"을 제공한 결과라는 것이다.[45] 정치적 정체성의 근거는 향우회의 집합적 기억이고, 그 내용은 70년대 시간 고향과 신성한 삼위일체다. 그것을 '박정희 향수' 또는 '박정희 신드롬'으로 표현하기도 한다.

강우진은 박정희 신드롬을 "많은 국민들이 권위주의적 지도자 박정희를 한국식 경제 발전을 이루어낸 지도자로 평가하고, 그 시대에 대한 향수를 느끼고 정치적으로 지지하는 현상"이라 정의하면서, 신드롬의 가장 중요한 요소로 국민들의 인식 속에 굳건하게 자리 잡은 "한국형 경제 발전 모델과 성장에 대한 박정희 대통령의 저작권"에 있다고 말한다.[46] 한국이 이 정도까지 발전한 데 대해 박정희의 기여를 결정적 요인으로 본다는 것이다. 그렇지만 설령 박정희 향수에 취한 사람이라 할지라도 그들 모두가 민주주의를 부정하는 것도 아니며, 보수 정당과 보수 언론의 선전·선동에 의해서 박정희 신드롬에 현혹된 것도 아니다. 경제·정치 위기에 직면하면 박정희 향수가 짙어지지만(경제 발전을 이룩한 박정희 대통령, 정치 혼란을 깔끔하게 정리한 박정희 대통령), 민주주의가 후퇴한다고 인식하면 향수가 옅어지면서 독재자 박정희로부터 거리를 둔다는 것이다. 박정희 신드롬은, 그것의 기초가 되는 경험과 기억과 사회화의 결과를 하나의 실체가 아니라, 사회적인 기회 구조와 환경, 특히 경제 난관과 민주주의 가치의 훼손에 따라 변하는 것으로 봐야 한다.

새로운 세대 연구자들의 주장도 그러한 맥락에서 볼 수 있다. 세대가 형성되는 "바로 그때에 중요한 것은 세대적인 집단의식이 아니다. '상상의 공동체'의 성공적인 발명을 설명하는 것은 오히려 정치적인 기회 구조다. 사회화는 사후적인 청사진으로 기능한다. 세대 형성의 원동력일 필요는 없다."[47] 실제 세대를 형성하는 원동력은 세대들의 공통 경험과 사회화 과정, 그것에서 비롯한 연대 의식이 아니다. 잠재적 세대 구성원들이 자신들을 하나의 세대 공동체의 일원이라고 상상할 수 있도록 만드는 세대 브랜드와 그것이 효력을 발휘할 수 있도록 돕는 사회 전체의 기회 구조, 이를테면 경제 상황, 민주주의 가치의 실현, 정치 세력의 활동 등이다. 특히나 한국처럼 대통령에게 권력이 집중되고, 그에 대한 통제가 유명무실한 곳에서는 집권 세력의 활동이 결정적으로 중요하다.

박정희 향수가 경제적이며 정치적인 기회 구조의 부침에 따라 그 농담濃淡이 달라지는 것처럼, 그를 세대 대상으로 삼는 시간 향우회 역시 그에 따라 범위의 폭과 결속의 강도가 달라질 수 있다. 앞서 우리는 회고적 증가와 감소를 살폈다. 특정 세대의 사회적 주가가 상승하면 그에 정체성의 닻을 잠시나마 내리는 사람들이 증가하고, 주가가 하락하면 그 수가 준다는 것이다. 탄핵 국면에서 박정희 신드롬과 신성한 삼위일체 역시 회고적 감소를 겪었다. 탄핵의 결정적 빌미는 민주주의와 법치의 훼손이고, 그에 따라 세대 대상에 대한 향수가 옅어졌다. 그 결과가 신촛불, 그러니까 예전에는 반촛불이었지만 그 사실들이 밝혀진 후에 신성한 삼위일체라는 세대 대상으로부터 거리를 둔 신촛불의 등장이었다. 보수 세력을 지지하던 중·장년층의 '배신,' 그러니까 70년대 시간 향우회에서 탈퇴자가 생긴 것이다. 전형적인 세대의 회고적 감소다.

그러나 그것이 사태의 전모는 아니다. 세대 대상의 사회적 주가가 하락하고 시간 고향이 파괴되자, 오히려 열성적인 향우회원이 늘었다. 시간 고향이 파괴되는 것을 보고만 있을 수 없다. 그것을 복원함은 물론, 미래의 이정표로 삼아야 한다! 시간의 실향민이 열성적인 정치 세대로 진화한 것이다. 이를 세대의 '회고적 극단화'라 부를 수 있다. 본인들 스스로 그렇게 된 점도 있지만, 그것을 조장한 자들도 있다. 지지자 세대 게임의 플레이어들이다.

고령자 친화적 대 청년 친화적 세대 게임

세대 게임은 두 가지 종류로 나뉜다. 책임을 특정 세대에게 전가하고 회피하려는 목적으로 수행하는 '비난의 세대 게임'과 특정 세대를 지지자로 만들기 위한 '지지자 세대 게임.' 이미 밝힌 것처럼, 비난의 세대 게임이 특정 세대를 욕받이로 만들어 어떤 정책을 수립하고 집행하는 데 유리한 고지를 점령하기 위한 것이라면, 지지자 세대 게임은 특정 세대의 지지를 끌어내려는 정치적 동원 전략이다. 자신의 지지자를 모으는 일이 모든 정치집단의 최우선 과제이기에, 정파를 가리지 않고 모두 지지자 세대 게임에 참여한다. 한국의 보수 세력과 진보 세력 역시 마찬가지다. 다만 상이한 세대를 표적으로 삼는다. 보수 세력은 장·노년층을, 진보 세력은 청년층을 동원하려는 정치 전략을 구사한다. 보수 세력은 고령자 친화적인 세대 게임을, 진보 세력은 청년 친화적 세대 게임을 선호한다.

한국의 진보 세력은 노인들의 사정에 별반 관심이 없어 보인다. 자신들의 정당성을 언제나 젊은이와 진보에서 찾기 때문이다. 진보 세력의 그러한 경향을 흔히 두 가지 신화로 설명한다. 첫째, '노무현 신화'다. 2002년 노무현의 대통령 당선에 젊은이들의 기여가 컸다. 때문에 진보 세력은 자신들의 지지자를 동원하고 결속하기 위해 낡음과 새로움, 늙은이와 젊은이의 대립을 줄기차게 이용했다. 사실 노무현 신화는 '청년 신화,' 청년들이 새 세상을 열어줄 것이라는 신화의 후속편이다. 둘째, 소위 "기울어진 운동장"과 "선거의 여왕" 신화다.[48] 2004년 선거의 여왕 박근혜의 등장 이래로 보수 정당은 2016년 20대 총선 이전까지 단 한 번도 패하지 않았는데, 그 까닭은 운동장이 보수 정당에 유리하게 기울어졌기 때문이다. 그들을 지지하는 영남 사람들이 호남 사람들보다 많고, 젊은이에 비해 노년층이 점점 더 많아질 것인 데다가 선거의 여왕의 활약으로 보수 정당의 승리는 지속될 것이다.

이러한 두 가지 신화는 진보 세력을 더 청년 친화적으로 만들었다. 어차피 노인들은 자신들을 지지하지 않을 것이므로, 잠재적인 지지층인 청년에게 주력하자. 노인을 홀대한다는 혐의를 지지하는 구체적 증거들도 있다. 멀게는 2007년 대통합민주신당 대선 후보 정동영의 해프닝('노인 분들은 투표 안 하고 집에서 쉬셔도 된다'), 가깝게는 19대 대선 국면에서 더불어민주당 국회의원들이 "선거연령 18세 하향"과 "공직자 연령 제한의 제도화" 주장을 제기했다. 정동영의 발언이 정말 노인들을 폄하한 것이었는지, 아니면 더불어민주당이 선거연령 하향과 연령 제한이라는 의제를 들고 나온 것이 자신들에게 유리한 유권자 지형을 만들기 위함이었는지는 중요하지 않다. 진보 정당에 대한 혐의를 보수 정당이 활용할 수 있도록 빌미를 제공했다는 것이 더 중요하다. 사실 선거연령 하향과 연령 제한은 모두 논의되어야 할 사안이다. 다만 그러한 논쟁적 사안들을 대선을 눈앞에 둔 때에 주장함으로써(대선 후인 지금은 조용하다),

자신들의 주된 지지층이 누구인지를 의식적·무의식적으로 자백했다는 의구심이 없지 않다.

보수 세력의 고령자 친화적인 세대 게임 역시 거칠지만, 결과적으로 큰 효과를 발휘하였다. 김정훈·한상익의 말처럼, 그것이 기울어진 운동장 때문이거나 선거의 여왕과도 같은 세대 게임 플레이어가 활약했기 때문일 수도 있다. 하지만 분명한 점은 저출산·고령화와 같은 인구구조나 보수적 플레이어의 능력보다, 고령자의 분노와 인정 욕구가 더 중요하다는 것이다. 애초 어르신들의 분노는 보수 세력의 세대 게임으로 만들어진 것이 아니라, 오히려 진보 세력의 청년 친화적 세대 게임이 의도치 않게 만든 결과다. 지지자 세대 게임에서 이른바 '선빵'을 날린 측이 진보 세력이기 때문이다. "실제 진보 세력이 젊은 층에 대한 정치적 동원에 치중하면서 세대 요인이 정치 균열로까지 이어졌다고 볼 수 있다."[49] 장신기가 인터뷰한 어느 70세 어르신은 이렇게 말한다. "민주당은 허구한 날 젊은 층만 찾잖아. 민주당 사람들은 우리 같은 노인네들은 신경도 쓰지 않아. 선거 때만 되면 젊은 층 투표율에만 신경 쓴다고 난리잖아."

뉴미디어(인터넷+SNS)를 통한 청년 투표 독려 역시 어르신들의 심기를 거스른 듯하다. "투표 인증샷"이 그 예가 될 텐데, 서희정과 이미나는 2010년 이후 치러진 선거부터 뉴미디어를 활용한 투표 독려가 한국의 고유한 "정치문화"로 안착했다고 평가한다.[50] 장신기와 인터뷰한 어르신은 이렇게 덧붙인다. "맨날 젊은 층 투표율에만 관심을 갖고, 그럼 그 이야기는 나처럼 나이 든 사람들은 투표하지 말라는 뜻이 은연중에 있는 것 아니야." 젊은 층의 투표를 독려하는 소란스런 이벤트가 어르신들의 반발 심리를 자극했다는 것이다.

어르신들이 진보 세력의 행태에 분노하게 된 더 큰 이유는, 그러나 과거에 대한 총체적 평가절하와 부정이다. 한 65세 어르신의 말이다. 유신 시절에 살았던 모든 사람들이 독재에 부역했던 것도 아닌데, "나처럼 정치하고는 아무 상관 없이 사는 사람들이 대부분〔이었고〕 그 사람들은 그저 열심히 일하면서 자기 가족들도 먹여 살리고 그런 〔건데〕 운동권 사람들 이야기하는 거 보면 내가 마치 독재 정권의 하수인이 되어 있는 것 같은 느낌이 들 때가 있어. 아니 내가 야당만 찍어온 사람인데 그게 말이 되겠어?" 진보 세력이 과거를 총체적으로 평가절하함으로써 자신의 과거에 대해 나름 자긍심을 지닌 사람들마저 부정당하는 것처럼 보인다는 것이다. 말하자면, 보수 세력의 역사적 취약성(친일·독재·수구냉전)을 공략하는 와중에 "산업화 시절의 역사에 자긍심이 있는 노·장년층"마저 도매금으로 공격하는 것처럼 보인 것이다. 한 어르신의 말처럼 "민주당은 〔왜 세대를〕 딱 둘로 나눠서 우리 같은 사람들은 수구 꼴통이〔라〕 비난하고 그런답니까? 정말 이해가 안 되고 분노가 치밀어요."

진보 세력의 세대 게임은 어르신들을 분노하게 만들었지만, 보수 세력의 세대 게임은 어르신들을 위무하는 데 집중한다. "보수 세력은 최근에 이르러 산업화 시기의 발전을 전통화하는 새로운 동원 전략을 제시하기 시작했다. 그래서 보수 세력은 산업화 시기를 경험한 세대들의 역사적 자긍심을 강조하는 전략을 내세웠다." 이제야 왜 지난 보수 정권과 보수 세력 들이 "역사 전쟁"을 일으켰는지, 특히 왜 국정 역사 교과서를 만들기 위해 그리도 노력을 했던가를,[51] 또 왜 소위 박정희 사업 예산이 지난 9년간 수천억이 넘는 규모●일 수밖에 없었는지를 깨닫게 된다.

이게 다 세대 게임인 거다. "거의 '우상화'에 가까운"•• 박정희 사업은 국내용과 국외용으로 나뉜다. 국내용은 박정희 향수를 실체화하는 기념사업이 대부분이다. 예컨대, "경북 울릉군은 박정희 대통령이 1박을 했다는 이유로 10억 원을 들여 박정희 대통령 1박 기념관을, 강원도 철원군은 44억을 들여 박정희 장군 전역 기념공원을 만들고 있다." 국외용은 새마을운동의 국제화(새마을운동 공적개발원조ODA 사업)가 주력이다. 박정희 사업은 일종의 시간 고향을 복원하는 사업이다. 복원 사업은 박정희 시대를 살아낸 어르신들이 자신을 '세대'에 자리매김할 수 있도록, 곧 "개별적인 정체성 설정을 위해 특정한 세대 경험을 강조"할 수 있도록 돕는다.[52] 지나온 시간에 대한 역사적 자긍심을 기념하는 박정희 사업은 나이가 들어가면서 퇴물 취급 받

• 더불어민주당 진선미 의원실의 자료에 따르면, 이명박과 박근혜 정권 동안 총 4500억(2017년 예산은 추후 대폭 수정·삭감됨)이 넘는 예산이 박정희 사업에 투입되었다. 김승현, 「진선미 "아버지를 위한 나라"… 박근혜 정부의 '박정희 예산' 3400억 원」, 『중앙일보』, 2016-11-12.

•• 박은하, 「보수 정권 9년 '만들어진 역사'」, 『주간경향』, 1228호, 2017-07-18. "박근혜 정부가 박정희 전 대통령 관련 사업에 사용한 예산은 총 3400억 원이다. 대폭 수정되기 전 2017년 예산안(753억 원)을 제외해도 4년간 사업비만 2600억 원이다. 이명박 정부 4년 동안은 847억 원이었다."

던 사람들이 자신의 정체성을 70년대 시간 향우회에서 찾도록 유인하고, 그것을 통해 자신의 쪼그라든 삶의 의미를 회복할 수 있도록 도왔다. '내가 비록 지금은 이렇지만 소싯적에는 무려 조국 근대화를 위해 일했다고. 박정희의 지도 아래, 아니 그와 함께 바로 우리가 그렇게 어마어마한 공헌을 했단 말이야!'

보수 세력의 플레이어들은 시간 고향의 향수를 자극하고 신성한 삼위일체와의 접촉면을 넓혀 어르신들에게 '과거 생애에 대한 자긍심'을 느끼게 함으로써 현실의 고통과 소외를 상상적으로나마 극복하고, 진보 세력의 퇴물 취급으로 인해 손상된 자부심을 회복할 수 있도록 도왔다. 그러나 보수 세력의 세대 게임은 그에 그치지 않는다. 어르신들의 삶의 경험에서 오늘날 필요한 교훈들을 추출할 수 있다고 생각하게 만들었다. "장·노년층은 단순히 회고적인 의미에서 과거의 경험을 강조하는 것이 아니라 현재 위기 극복의 적극적인 대안으로서 산업화 시기에 형성된 삶의 윤리인 성실성, 도전 의식, 공동체 의식 등을 강조했다."[53]

세 가지 삶의 윤리, 또는 노동 윤리는 박정희 시대에

완성되었으며, 21세기 보수 세력에 의해 부활되었다. "정신 혁명과 함께 '잘살기 운동'"이었던 새마을운동은 성실성과 공동체 의식을 고양하는 것이 목표였고, 산업화 시대의 듀오 "군인 박정희"와 "기업가 정주영"의 "하면 된다"와 "임자 해봤어?"는 도전하는 기업가 정신의 빛나는 표어다.[54] 시간의 향우회가 체화한 그러한 노동 윤리와 기업가 정신에 비추면 요즘 젊은것들은 게으르고, 겁쟁이에, 이기적이다. 보수적 세대 게임 플레이어의 성실함이 가장 돋보이는 전략이다. '당신들의 유훈을 후손들이 받들도록 만들겠소!' 뒷방 늙은이 취급을 받던 사람들에게 그보다 더한 사회적 인정이 있겠는가.

70년대 시간 향우회가 느슨하지만 지속적인 세대가 된 데는, 앞서 말한 바처럼 진보 세력의 덕이 크다. 진보 세력의 청년 친화적 세대 게임은 어르신들을 소외시키고 분노하게 만들었다. 진보 세력은 "장·노년층 세대의 집단적 기억을 보수 세력이 정치적으로 활용할 수 있도록 방치했다."[55] 보수 세력은 그들의 소외와 분노와 기억을 활용하는 세대 게임을 성실하게 연출했다. 시간 고향에 대한 향수를 불러일으키고, 세대 정체성의 감각을 길러주는 신성한 삼위일체를 부활시켜 정체성의 피난항을 제공했다. 무엇보다 그들의 유훈을 받드는 방식으로 그들이 자신들의 생애에 자긍심을 느낄 수 있도록 도왔다. 보수 세력이 지지자들에게 어떤 정책적인 특혜를 제공하여 환심을 산 것이 아니다. 그에 현혹될 만큼 멍청하지 않다. 그들은 이미 간파했다. "공약을 다 지키지 못하는 건 여당이나 야당이나 다 똑같아요. 그리고 선거 때마다 좀 부풀려서 이야기하는 건 유권자들도 다 알아요." 어차피 어떤 정파도 우리의 고충을 해결하지 못할 것이다. 문제를 해결도 못 할 거면서 상처 난 자긍심에 소금을 뿌리는 진보 세력보다, 따스한 입김이라도 호 불어주는 보수 세력이 더 사랑스럽지 않겠는가.

시간 향우회가 자신을 '애정'하지 않는다는 현실에 실망한 진보 세력은 어떻게 대응했을까? 자기 합리화를 통해 인지부조화의 스트레스를 경감하지 않았던가. 어르신들이 자신들을 기피하고 보수 세력을 지지하는 까닭을 탐구하기보다, 자신들의 선의와 충정을 몰라주는 그들을 '어차피 설득 불가능한 별종'으로 처리하면서 잠재적 지지층인 청년에 집중했다.

맞불 집회와 대항 공론장

박근혜 전 대통령의 국정 농단과 탄핵, 그리고 그에 맞서는 맞불 집회는 느슨하게 지속하던 1970년대 시간 향우회를 농익은 실제 세대로 만든 사건이었다. 박근혜가 국정을 농단했다는 사실은 모든 시민을 경악시켰다. 가장 놀란 사람들은 당연히 그의 지지자들, 그중에서도 시간의 향우회원들이다. 그들에게 박근혜는 자신들이 지지한 한 명의 대통령이 아니다. 박근혜는 자신들의 존재 의미를 제공했다. 시간 고향의 향수를 달래주는 세대 대상이며, 자기 생애에 대한 자긍심의 원천이고, 내가 혼자가 아니라 어딘가에 소속되었음을 알려주는 정체성의 근거다. 그런데 대통령이 자신들을 배신했을 수도 있다는 엄청난 사실이 너무 버겁다. 그가 약속했던 모든 것이 거짓일 수도 있다는 현실이 너무 괴롭다. 시간 고향이 허상일 수 있다는 점이 너무 힘들다. 그로 인해 생긴 인지부조화의 스트레스가 정말 크다.

반촛불 세력의 정치적 메시지는 신촛불로 차마 변신할 수 없는 시간 향우회원들, 이제는 고향이 파괴된 시간의 실향민들의 손상된 자긍심을 치유한다. 단지 '엮인' 것

뿐이래. 어휴, 그럼 그렇지. 치유의 대가로 극우 보수 세력에게 이전보다 더 강렬한 정치적 에너지를 지불한다. 그렇게 딜이 성사되었다. 시간 실향민들은 인지부조화의 치유 수단을 받고, 맞불 세력은 그들의 지지를 얻는다. 극단적 구호와 행동이 문제라고? 아니다. 세대 게임의 플레이어인 맞불 세력은 오히려 환영한다. 시간의 실향민들이 과격하고 극단적일수록, 사람들은 그들을 혐오하고 적대할 거고, 그러면 그들은 더욱 고립될 것이며, 자신들의 유일한 대변자인 맞불 세력을 지지하는 그들의 에너지가 더 커지고 지지층도 더 단단해질 것임을 알기 때문이다. 외국의 극단주의자들은 이미 간파했다. 극단주의의 생존은 잠재적 지지층의 고립에 달려 있다.[56] 이를테면 무슬림 극단주의자들이 테러를 자행하면, 유럽의 주류 사회가 자국 내의 무슬림을 증오하고 혐오할 것이고, 애당초 극단주의에 거리를 두던 무슬림들도 그에 저항할 수밖에 없게 되어 자신들을 대변하는 유일한 세력인 극단주의에 의탁하게 된다.

맞불 집회는 세대가 회고적으로 극단화된 원인이자 결과다. 2016년 11월 19일에 첫번째 집회가 시작된 이래 2017년의 19회 집회에 이르기까지[57] 적지 않은 시간의 실향민들이 신성한 삼위일체의 현존現存인 가련한 박근혜 대통령을 수호하기 위해, 빼앗긴 시간의 고향을 되찾기 위해, 광장에 모여 세상과 결연히 맞섰다. 광장으로 나선 시간의 실향민에 대한 경험적 탐색은 아직까지는 이현출과 장우영의 연구가 유일하다.[58] 그들의 분석 모델은 시민 자발성 모델civic voluntarism model, 그러니까 시민들이 자발적으로 정치 행동에 참여하는 데 영향을 미치는 요소로서 자원, 관여engagement, 동원 네트워크 등을 꼽는 모델이다. 그들의 분석에서 두 가지 요소, 즉 관여의 수준(정치적 관심도, 지식, 정치 효능감)과 동원 네트워크(정치 참여를 권유하거나 정치적 정보를 공유하는 네트워크)가 중요한 것으로 보인다. 맞불 시위 참가자의 "정치적 관심도가 높고, 자신의 정치 참여 행위가 유의미한 변화를 이끌어낼 수 있다는 효능감이 있을 때 적극적으로 참여"하고, "정치 참여를 권유하거나 정치적 정보를 공유하는 네트워크가 있을 때 참여가 더욱 활성화될 것이라고 가정할 수 있다." 그와 관련된 모든 논의들을 여기에 옮길 수는 없고, 정치 세대로 진화하는 데 영향을 미친 대항 공론장에 집중하자.

독일의 정치사회학자 프리드리히 크로츠는 대항 공론

장을 "헤게모니를 쥔 공론장에 대항하는 부분 공론장"[59]으로 정의한다. 대항 공론장은 어떤 특별한, 하지만 사회 전체적으로 중요성을 지니거나 큰 영향을 미칠 수 있지만, 주류 공론장이 주목하지 않거나 무시하거나 억압하는 이슈를 공적으로 토론하는 곳이다. 대항 공론장은 사회운동이나 대안 언론 매체의 형식들로, 그것의 근대적 형태는 1960년대 후반에 "반문화"와 관련하여 완성되었다. 그 기원에서 알 수 있듯이 대항 공론장은 이른바 주류 헤게모니에 대항하는 진보 또는 좌파적인 특성을 지닌 것이라 할 수 있다.

그러나 두 가지 점에서 대항 공론장은 변했다. 첫째, 커뮤니케이션 방법의 변화다. 초창기에는 이른바 '종이를 통한 항의의 형식'(예컨대 유인물)을 벗어나지 못했지만, 이제는 인터넷과 소셜 미디어의 역할이 주가 되었다. 둘째, 정치 진영이 다채로워졌다. 애초 진보적 사회운동이나 대안 언론이 대항 공론장을 주도했다면, 지금은 극우 세력과 근본주의 세력(예를 들어 이슬람 국가Islam State)과 삼분하는 모양새다. 시간의 실향민 역시 대항 공론장을 적극 활용하였다. 장우영은 맞불 집회에 참여한 시간의 실향민들의 정치 참여 행태를 "카톡 행동주의" 또는 "단톡 행동주의"라 표현했다. '카톡'이 동원 네트워크의 핵심 역할을 했다는 것이다. 실제로 집회 참가자들은 카톡을 압도적으로 많이 이용했으며, 그것을 통해 일베저장소나 박사모에서 생산된 "소식을 전파하고, 집회 현장의 모습을 전달"하면서 "광범위한 네트워크 형성과 메시지의 대량 생산을 촉진하"는 "동시에 개개인의 상호 공유 작용"에도 기여했다.[60]

또한 소셜 미디어나 모바일 메신저 이용 실태를 보면 전혀 이용하지 않는 사람들은 26.2퍼센트, "한 시간 이용 31.2퍼센트, 두 시간 15.1퍼센트, 세 시간 10.4퍼센트, 네 시간 이상 이용한다는 응답이 17.1퍼센트로 나타났다. 소셜 미디어나 모바일 메신저의 친구나 팔로어 수는 200명 이하가 54.8퍼센트로 가장 많고, 801명 이상이라는 응답도 8.9퍼센트에 달"했다. 그들의 매체 이용도 주목할 만하다. 그들은 공중파(78.6퍼센트), 종편 채널(92.3퍼센트)을 신뢰하지 않지만, 소셜 미디어(36.1퍼센트)와 인터넷(17.9퍼센트)에 대한 신뢰는 비교적 높다. 이현출은 다음과 같이 결론 내린다. "집회에 대해 효능감을 갖는 이들이 비슷한 사람끼리의 규합을 가능케 하는 카카오톡이라는 SNS 플랫

폼을 통하여 집회에 참가한다는 논리로 설명이 가능할 것이다." 말하자면, 자신들의 집회로 상황을 변화시킬 수 있다는 생각을 가진 사람들이 카톡을 통해 결집하여 집회에 적극적으로 참여한다는 것이다. 결국 시간의 실향민들은 인지부조화를 줄이기 위한 방편으로 대항 공론장을 통해 정보 편식, 사람 편식, 적극적인 '전도 활동'을 했다는 것을 보여준다.

세대 투쟁 프레임의 쓸모

진보와 보수 세력의 세대 게임 결과, 보수 세력을 지지하는 느슨하게 지속적인 시간의 향우회가 결집했으며, 그것은 맞불 집회를 거치면서 농익은 실제 세대로 성장했다. 그러한 사실은 최근 있었던 광장의 소란을 세대 갈등으로 볼 수 있는 최적의 조건을 만들었다. 그러나 광장의 대립을 세대 투쟁으로 해석하려면 더 상세한 정보가 필요하다. 물론 다양한 정보가 있었다. 예컨대 촛불은 민주화 세대, 맞불은 전쟁과 가난을 겪은 세대들. 탐탁지 않은 수준이 아니라 틀린 얘기다. 무엇보다 촛불 시민과 맞불 시민의 연령적 순수성의 차이 때문이다. 맞불 시민의 경우

연령이나 세대로 묘사해도 어색하지 않지만, 촛불 시민은 그렇지 않다. 그럼에도 양자의 대립을 애써 연령과 세대로 설명하려는 보도들이 많았다. 어떤 사설은 더 흥미로운 주장을 펼쳤다. 촛불과 맞불을 "부모 세대와 자녀 세대가 대립"하는 세대 분열로 당연히 전제하고, 그것을 미국의 인종 갈등과 비교한다.[61] 미국에서 각 "인종"들이 각자의 세상에서 살듯이, "젊은 층과 노년층이 다른 세상에 사는 것 같"다. 정말 경각심을 일깨우는 사설이다. 물론 사회학자들은 다른 견해를 가지고 있다.

독일의 사회학자 카를 울리히 마이어와 그의 동료들은 이렇게 말했다. 세대 갈등은 "다른 사회집단, 예컨대 성별 집단이나 인종 집단의 갈등과 완전히 다르다. 〔이들 집단의 구성원들은〕 다른 집단의 성원으로 살아보는 것이 극히 어렵거나 불가능하"지만 세대 구성원은 그렇지 않다.[62] 예를 들어 한 인종 집단의 구성원은 거의 예외 없이 다른 집단의 구성원으로 살아볼 가능성이 없지만, 오늘의 청년 세대는 별 탈 없이 늙어간다면 내일의 노년 세대가 될 수밖에 없다. 세대 갈등이 사회의 만성적 문제가 될 수 없는 가장 중요한 이유가 그에 있다.

세대 갈등은 다른 사회집단의 갈등과 완전히 다르게 구조화되어 있다. 사람들은 전체 생애 주기를 거친다. 현재 노인은 과거에 청년이었고, 현재 청년은 미래에 노인이 될 것이다. 그렇기에 젊은이 역시 자신이 노인이 되었을 때를 현재의 노인과 함께 고민하게 된다. 반대의 경우도 마찬가지다. 현재의 노인은 자신의 젊은 시절을 기억하기에 젊은이의 고민에 동참한다. 바로 이런 점에서 세대 갈등은 다른 사회집단의 갈등과 확연히 다르다. 요컨대 세대 갈등은 다른 사회 갈등과 궤를 달리한다. 그러나 세대 게임의 플레이어들은 그에 아랑곳하지 않는다. 세대 갈등을 온갖 갈등과 뒤섞어 오히려 혼란스럽게 만든다. 그래야 자신들의 말의 무게가 무거워지고, 의도가 은폐되고, 나름의 목적 실현이 수월해진다.

적지 않은 대중매체들이 촛불과 맞불의 대립을 세대 대결이나 국민 분열로 대범하게 묘사했다. 그들이 대결을 벌일 만큼 대등한 존재였던가. 그것이 첫번째 의아함이다. "탄핵 찬반 여론이 8 대 2의 압도적인 차이로 6개월 넘게 이어져 왔는데도, 마치 국민이 둘로 분열된 것처럼 균형이 맞지 않는 주장을 5 대 5의 주장인 것처럼 보도해오지 않았는지."[63] MBC의 보도 부문 조합원의 성명 내용이다. 그의 말이 맞는다면, 이것이 두번째 의아함인데, '세대 대결'이나 '국민 분열'이라는 수식어는 압도적인 다수와 단출한 소수의 대치를 무색하게 만든다. 세대 대결, 특히 부모와 자녀 세대의 대결이라는 수식어는 그 사안을 한편으로 끔찍하게 묘사하지만(오죽하면 부모와 자녀가 싸울까), 다른 한편으로는 그 사안의 엄중함을 중화하는 효과(아무리 그래도 부모와 자식 간의 일인데)가 있다.

세번째 의아함은 싸움도 벌이기 전에 이미 결론이 선다는 것이다. 세대 투쟁 프레임은 서로 대립하는 세대들의 상호 인정을 전제하거나 결과로서 기대한다. 갈등하는 두 세대는 자신의 행동을 이렇게 정당화한다. 연장자 세대의 전횡에 맞서 새로운 미래를 열려는 연소자 세대의 저항, 또는 젊은이의 일탈을 바로잡아 사회를 수호하려는 어르신의 '질서 있는 제어.' 양자가 서로 싸우더라도 목표는 동일하다. 세대 공생이다. 젊은이가 늙은이의 억압에 저항하지만, 목표는 그들의 제거가 아니라 그들과의 평화로운 삶이다. 마찬가지로 어르신이 나이 어린 녀석들의 방종을 다스리지만, 목표는 그들의 제거가 아니라 유산을 보존하도록 만드는 것이다. 뭔가 상호 배려와 서로 간의 애틋함이 바닥에 깔려 있다. 정리하면, 세대 투쟁 프레임은 세 가지 쓸모를 지닌다. 대등하지 않은 것들을 대등한 것처럼 보이게 만들고, 사회적 대립의 엄중함을 중화시키며, 본격적 싸움 전에 이미 평화로운 관계 개선이라는 목표를 설정한다.

세대 투쟁 프레임의 쓸모를 최근 언론인들 사이에서 유행하는 신조어 '공방신기'와 비교할 수 있다. 공방신기는 공방이 될 만한 사안이 아님에도 '공방'으로 만들어버리는 '신기'다. 어떤 사안에 대해서 대립하는 두 입장이 있다고 하자. 누가 옳고 그른지 판단하기 힘들 때, 언론은 그 사안을 공방으로 처리해야 한다. 하지만 사실관계가 너무 명확해서 누가 옳고 그른지를 알 수 있음에도 공방으로 처리한다면, 그것은 '물 타기'이며 '관심 돌리기'다. 광장의 소란을 세대 투쟁 프레임으로 보는 것 역시 그러한 공방신기와 유사하다. 대통령의 탄핵을 두 세대의 공방으로 처리함으로써, 사안에 대한 판단을 흐려버린다.

세대 갈등 말고 다른 틀로 광장을 살피는 방법이 있다. 예를 들어 민주주의 대 반민주주의, 또는 법치주의 대 반법치주의의 프레임이다. 범법을 저지르고 민주주의를 훼손한 대통령에게 책임을 물으려는 촛불과, 묻지도 따지지도 않고 무작정 대통령을 보위하려는 맞불의 싸움이 그것이다. 이 민주·법치 프레임은 세대 프레임과는 전혀 다른 동기와 목적과 해결 방안을 제시한다. 무엇보다 엄격하다. 공생보다 사실관계 확인이 우선이다. 아니, 사실관계를 확인해야 공생이 가능하다는 것이다. 실제 행위가 민주적 원칙에 부합했는지 또는 적법했는지를 사실관계에 근거해서 따진다. 전 대통령의 혐의가 의혹의 수준을 넘어서 탄핵으로 결론이 났고, 그에 따라 새로운 대통령까지 선출된 지금 법적으로나 정당성으로나 촛불과 맞불은 뚜렷하게 갈린다. 증거에 입각한 민주·법치는 애당초 음모론과 연민과 권력의지에 의존하는 반민주·반법치와 싸울 필요조차 없었다. 민주적 절차와 법에 따라 사실관계를 따지고 그 책임을 물으면 될 문제였다.

그런데 사안을 세대 투쟁 프레임으로 고찰하면 어떤 '여지'가 생긴다. 가족적이거나 정치적인 것으로 포장되어 다툴 수 있기 때문이다. 다시 강조하자면, 어떤 프레임으로 광장의 소란을 보는지에 따라 강조점과 지향하는 바가 전혀 다르다. 세대 투쟁 프레임이 '상대방의 선의를 인정'하는 데 방점을 찍는다면, 민주·법치 프레임은 원칙과 법의 위반 여부를 중시한다. 그러니까 후자보다 전자에 여지가 많다. 갈등하는 세대들은 서로 싸우더라도 상대방을 인정한다. 설령 그렇지 않더라도 그렇게 가야 한다고 믿는다. 상대가 자식이거나 부모일 수 있다고 생각하게 만들기 때문이다. 그러나 그러한 프레임은 현실을 호도한다.

광장의 소란은 세대 갈등이 아니다. 광장의 대립과 국론 분열에서 세대 갈등을 전면에 내세우는 공방신기는 문제 사안에 대한 이해보다 오해를 만들 수 있다. 그렇지만 세대가 아무런 역할을 하지 않은 것은 아니다. 맞불 집회에서 활약했던 세대가 있다. 그들은 연령집단의 특성보다 뚜렷한 정치적 정체성을 지닌 세대, 바로 시간의 실향민이 되어 농익은 실제 세대로 진화한 시간의 향우회다. 그들이 맞불 집회를 주도했다. 촛불 집회는 다양한 연령층이 참여했다. 따라서 세대 대결이라는 주장은 명백한 오류다. 물론 세대 간에 긴장이 존재하지만, 그렇다고 그것을 갈등이라 말하기도 민망하다. 만약 그렇다면 다음 질문이 긴요하다. 광장의 대립을 왜 세대 갈등으로 보려고 하는가? 그렇게 함으로써 누가 어떤 정치적 이익을 챙길까?

당연히 맞불 집회를 기획한 세력이 정치적 이익을 챙긴다. 탄핵당한 대통령이 잘나갈 당시 대통령과의 거리("진박" "골박")로 자신의 정치 프로그램을 표현하던 정치 엘리트들은 그의 추락과 함께 힘을 잃었지만, 맞불 집회에서 부활의 불씨를 발견했다. 맞불 세력은 민주·법치 프레임을 적극적으로 회피했다. 그것으로는 도무지 자신들을 정당화할 수 없기 때문이다. 따라서 세대 투쟁 프레임이 안성맞춤이다. 반민주·범법 행위는 무대 뒤로 사라지고 세대들의 공방이 주목받는다. '너희 세대들이 박근혜를 공격하면, 우리 세대는 그를 방어한다. 해결책은 세대 상생이다. 너희 세대의 의견을 존중할 테니 우리 세대의 견해도 그렇게 하라.' 세대 투쟁 프레임에 내장된 공방신기와 세대 상생을 통해 반민주적이며 불법적으로 국정을 농단했다는 사실에서 주의를 돌리게 한 후 본격적 주장을 시작한다. 종북 세력의 음모를 간파한 '우리 현명한 애국 어르신'들이 그들에게 조종당해서 나라를 위기에 몰아넣은 철없는 젊은 녀석들을 계도하리라. 그렇게 판을 짬으로써 맞불 플레이어들은 시간의 실향민들의 고통을, 더 정확하게는 인지부조화에서 비롯한 고통을 정치적으로 착취할 수 있게 되었다.

시간의 실향민들 역시 일방적으로 퍼주지는 않았다. 박근혜가 단지 엮인 것임을 확인받음으로써 자신들의 결정이 잘못된 것일 수 있다는 불편함(인지부조화)에서 벗어날 수 있게 되었다. 자신들을 별종 취급 하는 진보 세력의 작태(이것이 진보 세력의 인지부조화에서 비롯한 결과물임을 잊지 말자)에 맞설 수 있는 정치적 수단을 그들에게서 제공받았다. 맞불 세력과 함께 신성한 삼위일체를 복원함으로써 자신들의 빼앗긴 시간 고향을 복구할 수 있다는 희망도 생겼다. 자신들의 지나온 삶이 잘못된 것이 아니라, 큰 가치가 있다는 자긍심을 지킬 수 있게 되었다.

광장의 소란을 세대 갈등으로 보면 안 된다. 현재 우리가 직면한 문제가 세대들의 싸움이 아니라 더 근본적인 문제, 곧 민주주의와 법치주의의 문제임을 인식해야 한다. 세대 투쟁 프레임이 제공하는 '여지'가 시간의 실향민들로 하여금 자신들이 행하는 과격한 폭력과 억지스러운 무례를 넉넉하게 생각(어른이 그럴 수도 있지)하도록 만들었다. 어르신들의 폭력과 무례는 노인에 대한 혐오와 적대를 키우고, 그것은 다시금 어르신들의 정치적 목소리와 행동을 더 강하고 독하게 만들었다.

세대들의 문제에 가로등 불빛을 '몰아주는' 세대 투쟁 프레임은 그렇게 혐오와 적대의 악순환을 키울 것이다. 이는 결국 그들의 고통에서 뿜어져 나오는 정치 에너지를 착취하려는 세대 게임의 플레이어, 곧 맞불의 칸토레크들의 배만 불릴 것이다. 사회갈등을 해결하는 것이 정치의 목표라지만, 현실 정치는 절대 그렇지 않다. 착취할 수 있는 갈등이라면 오히려 독려한다. 게다가 그들은 아무런 의미도 없는 지역 차이를 지역 갈등으로 공고히 하면서(다른 누구도 아닌 김기춘의 정치 강령, "우리가 남이가"), 자신들의 기득권을 지켰던 정치 게임의 베테랑 플레이어가 아니던가. '내 너희들에게 삶의 의미를 주겠노라. 애국 시민들이여, 더욱더 가열 차게 분노하라.'

7

7장 세대 프레임을 넘어서

7

세대 프레임이란 가로등 불빛에 의지하지 말고,
나름의 손전등으로 문제 해결의 열쇠를 찾아보자.

1. 두 세대 게임의 차이

이제껏 한국 사회에서 발생한, 또는 그렇다고 믿어지는 세대들의 갈등에 대해서 살폈다. 세대 갈등의 다양하고 복잡하고 혼란스런 면모를 좀더 명확하게 살피기 위해 우리는 세대 게임이라는 용어를 도입했다.

세대 게임은 두 종류로 나뉜다. 비난의 세대 게임과 지지자를 모으려는 세대 게임. 두 가지 게임은 서로 구별되는, 나름의 세대 행위자가 주도한다. 비난 게임에서 세대들은 연령이 그 구분 기준이고, 지지자 게임에서 세대는 정체성으로 갈린다. 연령으로 구분되는 세대들은 '정책'에서, 정체성으로 갈리는 세대들은 '정치'에서 대립한다. 흘

낏 보면, 두 가지 대립은 차이가 없다. 어차피 세대들이 서로 다투는 것 아닌가. 자세히 보면, 양자는 세 가지 점에서 판이하다.

첫번째로, 행위자 세대가 다르다. 연령 세대는 피동적이고, 정체성 세대는 능동적이다. 사회정책은 그 대상자를 연령에 따라 구별한다. 연령 세대는 정책적 고려에 의해서 구별될 뿐, 세대 구성원들의 의사나 의지는 중요하지 않다. 그들은 외적 기준에 따라 단지 나뉠 뿐이며, 그렇게 나뉜 세대들이 실제로 서로 다투는 행위를 하지 않을 수 있다. 그와 달리, 정체성 세대가 만들어지기 위해서는 나이와 같은 외적 기준보다 더 많은 것을 필요로 한다. 나는 그 세대의 성원으로서 비로소 내가 된다. 내 정체성의 많은 부분을 세대에 빚지고 있는 것이다. 세대 정체성을 취득하기 위해서는, 내가 그 세대에 속한다는 자각과 의식, 경우에 따라 행동까지 필요하다.

두번째로, 대결의 대상이 다르다. 연령 세대들은 정책을 두고 갈등하고, 정체성 세대들은 상이한 정치적 목적을 위해 투쟁한다. 각 연령 세대들은 정책이 자신들에게 유리한 방향으로 집행되기를 바라면서 정책 입안·실행에서 주도권을 잡기 위해—사실은 그들의 대리인들이—다툰다. 정체성 세대들의 상이한 정치적 목적은 그들의 정체성과 관계된다. 자신과 세상에 대한 상이한 인식과 미래에 대한 비전의 차이가 서로 다른 정치적 목적과 태도를 만든다. 그러한 차이에서 비롯한 다툼은 곧 서로 반목하는 정체성의 부대낌일 수 있기에, 정치적 갈등 조정을 위해 필수적인 방안들, 예컨대 설득과 타협과 양보가 무용지물이 될 가능성이 크다.

마지막으로, 대결의 강도와 지속성에서 다르다. 차이는 행위자 세대의 성격에서 비롯한다. 정체성 세대는 연령 세대에 비해 강렬한 자의식을 지니며 능동적이다. 따라서 세대 투쟁에 적극적으로 참여할 가능성이 높다. 투쟁이 정체성과 관련되기에 내 문제로 받아들이기 때문이다. 그에 반해 연령 세대는 자의식이 없거나 낮고 피동적으로 구분되는 것이기에, 헌신적으로 대결에 참여할 가능성이 낮다. 더구나 연령 기준은 고정되어 있지만, 사람들은 나이를 먹기 마련이다. 어떤 연령 세대에 소속한다는 것이 변하는 상황에서 대결의 지속성이 약화되는 것은 필연이다. 게다가 연령 기준의 접경에 있는 사람들은 대립하는 연령 세대의 처지에 쉽게 공감할 수 없다는 점도 대립의 강도와 지속성을 약화시키는 요인이다. 말하자면, 정책을 둘러싼 연령 세대들의 갈등은, 비록 그것을 많은 전문가들이 과격한 용어 '세대 전쟁'으로 강하게 주장하더라도, 정체성 세대들의 정치 투쟁에 비해 당사자들이 대립에 참여하려는 동기, 헌신, 강도가 낮다. 이러한 차이는 각 갈등에서 구사되는, 또는 그것을 조장하는 세대 게임에도 영향을 미친다.

세대 게임의 참여자는 플레이어와 세대 당사자로 나뉜다. 세대 게임의 플레이어가 게임의 판을 짜고 게임을 활성화하는 데 주력한다면, 세대 당사자는 세대 게임의 틀 안에서 주도권을 잡으려 노력한다. 당연히 플레이어와 당사자 양자의 목표나 이익도 서로 다르다. 현실의 게임, 예컨대 온라인 게임을 생각해보자. 게임을 즐기는 당사자들은 개별 게임에서의 승리, 예를 들어 상대방을 궤멸하거나 영토를 확장하는 데 흥미를 느끼지만, 게임 개발자나 게임을 만든 회사는 가능하면 많은 사람들이 오래 게임을 즐길 수 있는 방안에 관심이 있다. 그것을 통해 얻을 수 있는 상업적 이익이 목표이기 때문이다. 마찬가지로 세대 게임의 당사자는 게임에서의 승리를, 세대 게임의 플레이어는 게임이 흥행해서 챙길 수 있는 이익을 위해 노력한다.

지지자 획득을 노린 세대 게임에 참여하는 당사자들은 일차적으로 자신들이 지지하는 집단이나 세력의 승리를 위해 싸운다. 그들의 승리가 곧 자신들의 승리라고 생각하기 때문이다. 과거 공헌에 대한 인정, 상처 난 자긍심의 회복, 고단한 삶의 개선, 안정된 발전을 후손들이 이어갈 수 있도록 도왔다는 보람 등이 승리의 대가다. 지지자들을 게임에 참여하도록 독려하는 플레이어의 목적도 당사자의 그것과 겹치지만, 그것이 다는 아니다. 그들의 궁극적 목적이 자신들의 존속에 있기 때문이다. 그들을 지지하는 세대의 삶은 '내 알 바 아니다.' 경우에 따라서 게임에서의 패배가 플레이어에게 유리할 수도 있다. 패배한 지지자 세대의 분노와 낙심에서 뿜어져 나오는 강렬한 정치적 에너지가 플레이어들을 곤경에서 구할 수 있기 때문이다.

비난의 세대 게임에서도 플레이어와 세대 당사자가 지향하는 목적의 부분적 불일치가 나타난다. 여기서도 플레이어의 목적은 명확하다. 그들에게 당사자들이 목적으로 삼은 게임에서의 승리는 부차적이다. 자신들의 존속이 최우선이다. 비난의 세대 게임에서 플레이어들, 즉 세대 전쟁론자들은 사실 여부에 상관없이 승자 세대를 속죄양으로 설정하고, 그들에게 현재의 문제, 예컨대 국가 재정이 악화된 책임을 물음으로써 사회정책의 방향을 바꾸거나 국가 운영 계획을 재설정하려 노력한다. 승자 세대를 속죄양으로 삼고 패자 세대를 볼모로 삼아, 플레이어 자신들에게 유리한 방향으로 정책을 개선하고 개혁하는 것이다.

게임에 참여하는 세대 당사자들은 자신들의 의사나 의지에 관계없이 싸움판에 던져진다. 나이에 따라 승자나 패자 여부가 가려지는 데 명확한 연령 기준이 존재하지 않는 경우가 많기에, 본인이 대체 어디에 속하는지 알 수 없는 경우도 많다. 또한 각 세대의 내부적 차이(계급·계층의 차이)가 고려되지 않기에, 더욱 오리무중이다. 현실 삶에서는 명백한 패자(가령 빈한한 자영업자, 비정규직, 불안정한 정규직, 딸랑 집 한 채만 지닌 주택 소유자)지만, 그냥 나이 때문에 승자 세대로 '낙인' 찍힌 경우가 있다. 반대로 현실 삶에서는 명백한 승자(부모를 잘 둔 능력자)지만, 나이 때문에 패자 세대로 분류되는 사람들도 있다. 저마다 느끼는 분노와 실망을 승자 세대에게 배설하여 순간적 통쾌함을 느끼지만, 젊은 세대들 역시 기성세대들이 고통스런 현실에 단지 부분적으로만 책임이 있다는 사실을 안다. 그렇기에 정책과 관련한 비난 게임은 세대 당사자들의 동원과 결집에서 어려움을 겪는다. 비난 게임의 플레이어들이 '과학적 사실'로 위장된 레토릭으로 설득하더라도 세대 당사자들은 지지자 세대 게임의 정체성 세대들과 달리 능동적이지 않으며, 구체적 행동에 나설 수 있을 정도의 감정적 에너지를 표출하지도 않는다.

다양한 여론조사 결과를 분석한 성경륭 역시 정치와 정책의 영역에서 세대 갈등의 양상이 다르다고 말한다. "정치 영역에서는 격렬한 갈등적 세대 균열 기제가 존재하고, 사회정책 영역에서는 (……) 안정적인 세대 연대 기제가 존재"한다.[1] 풀어 말하면, 정치적으로는 세대들이 갈등하지만, 사회정책에서는 서로 연대한다는 것이다. "이념 성향, 투표 선택, 정부 평가"에서 각 세대별로 뚜렷한 차이를 보이지만, 정책 노선이나 사회보장제도(건강보험, 국민연금)에 대한 태도에서 세대들은 크게 다르지 않다. 정치적 세대 갈등이 정책적 세대 갈등으로 발전하지 않은 이유를 성경륭은 청년 세대(20~30대)들이 사회보장제도를 지지하며, 연령에 상관없이 많은 시민들이 강한 세대 연대 의식을 공유한다는 점에서 찾는다. "한국 사회의 세대 관계가 갈등적 측면과 연대적 측면의 뚜렷한 양면성을 가지고 있〔다〕. 우선 정치 영역에서는 세대 균열이 이념 성향과 정치적 선택의 양극화를 가져오는 중요한 요인으로 작용하고 있〔다〕. 사회정책 영역에서는 예측과 달리 젊은 세대가 노인 세대보다 더 친복지적 태도를 가지고 있고, 또 다수의 국민들이 연령집단에 관계없이 강한 세대 연대 의식을 폭넓게 공유함으로써 세대 갈등을 완화시키고 있〔다〕."

이와 같은 성경륭의 분석과 결론은 내가 이 책에서 보여주려는 바와 조금씩 엇갈린다. 물론 정치와 정책에서 나타나는 세대 갈등의 양상이 다르다는 평가에서는 같다. 하지만 성경륭은 세대를 연령으로만 규정한다. 이것이 나와 그의 분석이 엇갈리는 가장 중요한 지점인데, 그가 말하는 세대는 연령대에 따라 다섯 가지로 구획된 연령 세대("20대, 30대, 40대, 50대, 60대의 다섯 개 집단")다. 정치적 측면에서 나타나는 세대 갈등도 연령 효과로 설명된다. 젊은 세대는 진보 정당을, 늙은 세대는 보수 정당을 지지하는 것은 그래서 당연하다. 정책에서의 세대 연대 성향을 설명할 때도 연령 효과가 동원된다. 노인들을 위한 사회정책을, 젊어서 진보적인 세대가 '관대하게' 수용한다. 세대 정체성의 다른 표현인 동년배 효과는 고려되지 않는다. 그의 분석에서 정체성 세대의 자리는 없다. 모든 것이 연령으로 설명된다. 나이가 많은 사람의 규모가 사회 전반에서 어느 정도 되는지가 그 사회의 현재와 미래를 결정한다. 고령층이 많으면 문제가 발생하고, 인구구조가 젊으면 사회는 활력을 띤다.

세대 정체성을 고려하지 않고 연령으로만 세대를 정의하면서 생기는 문제는 일단 두 가지다. 첫째, 인구학주의와, 둘째 옹색한 현실 설명이다. 후자부터 살피자. "18대 대선에서 박근혜 후보는 기초연금 확대와 무상보육 확대 등 복지 확대를 약속했다. 그러나 집권 이후 복지 확대에 따른 증세 필요성이 제기되자 주요 공약의 대폭적 축소 조정이 이루어졌다. 특이하게 이런 상황에서도 사회정책 영역에서 당장 해당 세대들의 조직적 반발이 나타나지는 않았다."

해당 세대들의 조직적 반발이 없었던 것이 정말 특이한 일일까? 공약을 엄중히 받아들이지 않는 시민들의 '포용력' 또는 냉소주의를 생각한다면, 그렇지 않다. 무상보

육의 확대라는 '혜택'을 받을 예정이었던 사람들은 애초 기대하지 않았기에 조직적으로 반발하지 않았던 것이다. 또한 기초연금 확대의 대상자인 어르신들이 박근혜를 압도적으로 지지한 까닭이 특정 정책에서 얻어질 수 있는 경제적 이익 때문이 아니기도 했다. 그냥 나이가 많아서 보수 후보를 지지한 것도 아니다. 신성한 삼위일체의 한 부분인 박근혜가 그들에게 존재 의미를 제공하기 때문이다. 자신들을 노인이라고 무시하는 진보 정당에 분노했기 때문이다. 자신들이 잘나가던 시절, 사회적으로 쓰임이 있었던 시절, 누군가에게 인정받았던 시절의 향수를 달래주었기 때문이다. 오랫동안 정치 세력의 감언이설에 단련된, 냉소적 어르신들은 이미 간파했다. 어차피 내 궁핍한 현실에 마음 쓰는 정치인은 없다. 그건 내가 알아서 할 테니, 너희 정치인들은 그냥 내 기분이라도 달래봐라. 박근혜 정부의 약속 파기에도 노인들이 반발하지 않고 여전히 지지한 이유들은 고스란히 어르신들의 세대 정체성과 관련된 것들이다. 세대를 단지 연령집단으로 간주하는 연구는 그런 사정을 설명할 수 없다.

두번째 문제다. 인구학주의Demographismus 또는 인구학적 환원론은 인구로 사회문제를 정의·설명·해결할 수 있다는 패기 넘치는 주장이다.[2] 성경륭은 인구학주의자의 모습을 보여준다. "여러 가지 과제 중 가장 중요한 것은 현재 1.2명 정도의 출산율을 인구 대체율인 2.1명에 최대한 근접시켜 나가는 것이다." 출산율 1.2에서는 인구가 줄어들고 노인이 많아지므로 문제이며, 2.1로 높이면 현재의 인구 규모와 노소 비중도 유지되므로 문제가 생기지 않을 거라는 주장이다. 인구의 중요성은 누구나 공감하는 바이지만, 성경륭의 인구학주의는 세대 전쟁론의 주장에 대해 너무 관대하다. 이유가 있다. 인구학주의와 세대 전쟁론이 공통의 전제에서 출발하기 때문이다. 저출산·고령화가 모든 문제의 원인이며, 청년 세대는 피해자 그리고 노년 세대는 원인 제공자다. 따라서 성경륭의 진단과 제안은 세대 전쟁론의 핵심이 되는 개념들과 인식들, 이를테면 청년들의 조세 부담을 줄여야 한다는 재정적 세대 정의, 세대 정의를 경제학적으로 따지는 세대 회계, 정치적 다수를 차지한 노인들의 지배, 그러한 문제를 해결하기 위한 청년 할당제 등을 그대로 활용한다.

세대 전쟁론의 취약한 논리와 이데올로기적인 혐의에

대해서는 앞에서 다뤘기에 반복하지 않겠다. 다만 세대 전쟁론과 인구학주의와 한국의 진보 지식인에서 공통적으로 발견되는 '청년이 모든 문제를 해결할 메시아'라는 신화를 경계해야 한다는 점을 지적하고 싶다. 논리적으로나 경험적으로 청년 메시아론이 공허한 신화임에도, 진보 지식인들과 진보 세력에게 그것은 마치 타성처럼 남아 있다. 그렇기에 진보 세력은 신자유주의에 대해서는 저항하면서도, 그에 오염된 세대 전쟁론과 인구학주의에는 쉽게 투항하는 기이한 태도를 보인다. 청년 친화적 세대 게임의 실패에서 얻은 교훈을 새겨야 한다. 청년을 일방적으로 '애정'하는 진보의 타성은 어르신을 '별종'으로 취급하는 인지부조화에 취약하다.

보수 세력은 진보 세력에 비해 세대 게임의 플레이어로서 더 성실하다. 이명박·박근혜 정부는 김대중·노무현 정부의 신자유주의적 정책을 성실하게 이어받으면서도, 보수 세력 자신의 역사적 전통, 즉 박정희의 정치 유산을 '창조'적으로 계승했다. 이를 한국형 신보수주의라 하자. 신보수주의는 우파의 정치적이며 사회적인 기획으로, 신자유주의가 심화되면서 생기는 문제, 예컨대 사회 연대가 약화되거나 이기주의가 확산되는 문제를 해결하려는 것이다.[3] 신자유주의의 최첨단 국가인 영국이나 미국에서 발전한 신보수주의는 각 나라의 특수한 사정에 따라 나름의 색채를 띠게 된다.

한국형 신보수주의는 "신자유주의적 정책을 추진하면서도 담론정치 차원에서 과거의 향수에 젖은 경제 성장 담론을 내세"웠다. 이를 장신기는 한국형 신보수주의가 "모순적 상황"에 처한 증거로 보지만, 나는 오히려 그것을 성실한 보수 세력의 양수겸장의 통치술, 그러니까 '최신' 신자유주의 정책을 '낡은' 박정희 시대의 정치로 추진하는 양수겸장의 통치술이라 생각한다. 적어도 세대 게임의 활용에서는 그렇다. 그들은 지지자 세대 게임에서 얻은 동력으로 비난의 세대 게임을 실행했다. 다시 말해서, 그들은 시간의 향우회를 동력으로 삼아 신자유주의적 정책을 추진했다. 한국의 신보수주의자들은 자신들의 '성과'를 외국의 동료들에게 자랑해도 된다. 외국의 경우 비난의 세대 게임을 통해 신자유주의적 정책 개혁을 궤도에 올릴 수 있었지만, 지지자를 동원하는 세대 게임에서는 뚜렷한 성과를 보인 적이 없기 때문이다.[4]

2. 세대 프레임 들여다보기

그런데 왜 하필 세대인 걸까. 오래전부터 세대 명칭의 과잉이 우려되었다. 무슨 일만 생기면 “아무개 세대”가 나타났다고 호들갑이다. 새로운 상품의 혁신성을 알리는 “새로운 세대의 등장”이라는 광고 카피는 필수가 되었다. 삼성 스마트폰 갤럭시는 해마다 새로운 세대를 출산하고 있다. 변화를 바라는 “세대교체”라는 구호는 정치권의 단골 메뉴다. 이해하기 힘든 젊은이의 성향이 등장하거나 사소한 취향의 변화도 “새로운 세대의 출현”으로 설명된다. 세대, 더 정확히 말해서 세대에 대한 이야기는 도처에 널렸다. 하지만 현실의 세대와 그에 대한 이야기, 곧 세대 담론은 판이하다. 예컨대 2002년 월드컵에서 거둔 기적 같은 성과와 길거리 응원에 흥분했을 때 모든 대중매체는 선언했다. 식민지, 전쟁, 후진국과 같은 역사의 "굴욕을 씻어낸, 자신감 넘치는 청년들이 등장했다. 그들은 월드컵 세대다." 그로부터 불과 5년 후 한국의 청년 세대는 88만 원짜리로 전락했다. 청년 세대가 정말 그렇게 짧은 시간 동안 흥하고 망했을까. 아마 세대 자체보다 그에 대한 이야기의 변덕일 거다. 현실의 세대와 세대 담론은 다르며, 우리가 보고 느끼고 생각하는 것은 전자보다 후자의 영향을 입는다.

세대 담론이 남용된다는 것은 세대에 깃든 독보적인 아우라의 증거이기도 하다. 세대 담론의 아우라는 그에 동반한 두 가지 약속에서 비롯한다. 앞으로 지켜질 약속과 이미 파기된 약속. 지켜질 약속은 미래를 가리킨다. 새로운 의견, 과제, 인식, 세계…… 세대는 우리에게 오늘보다 더 나은 내일, 꿈같은 앞날, 희망찬 미래를 약속한다. 그렇게 우리는 새로운 세대가 약속한, 새로운 시대를 바라며 앞을 바라본다. 동시에 세대는 약속이 파기되었음을 알려준다. 파기된 약속은 과거를 향한다. 자기 삶의 역사가로서 우리는 현재가 과거보다 더 나아지지 않았음을 안다. 그렇다고 그것이 언제나 좌절, 실망, 체념을 뜻하지는 않는다. 비록 젊은 시절의 꿈, 희망, 기대, 그 어느 것 하나 실현하지 못했지만, 세대를 통해서 우리는 기억한다. 우리가 어디서 비롯했구나. 요컨대 세대는 정체성의 버팀목이다. 우리가 누구인지 알려준다. 한때 집합적 정체성의 든든한 버팀목이었던 민족은 그 효력이 약해졌다. 무엇보다 세계화가 국적을 숙명이 아니라 선택 사양으로 바꿨기 때문이다. 다른 나라에서 중요한 버팀목이던 계급은 이 땅에서 변변한 역할을 한 적이 없다. 세대는 그러한 공백을 성공적으로 메웠다. 이데올로기적으로 '건강'하고 숙명의 무게를 덜어낸 세대는 말 그대로 한국의 정체성 시장에서 가장 잘 팔리는 상품이다.

세대가 가장 '핫'한 정체성 상품이 될 수 있었던 또 다른 이유가 있다. 그것의 가소성 덕이다. 세대의 가소성은 대단해서, 과장하자면 세상만사에 다 쓰인다. 세대는 시간을 초월한 존재를 제외한 모든 것에 적용될 수 있다. 세대 용어의 탁월한 가소성은 그래서 사회과학자들에게는 큰 골칫거리다. 모든 것을 지칭하지만, 아무것도 지칭하지 않기 때문이다. 하지만 바로 그러한 속성 때문에 세대는 정치인에게 인기가 높다. 정치라는 비즈니스에 적격이기 때문이다. "정치의 언어는 언제나 매우 다양한 요구들을 동시에 만족시켜야만 한다. 그로써 정치 언어는 과학의 언어와 구분된다."[5] 만약 정치인이 세대 정의를 바로잡아야 한다고 외칠 때, 젊은이나 노인 들은 모두 자신들을 위한 정의라고 생각할 것이다. 그러니까 "세대 언어의 매력"은 그것의 "분석적 명확성"이 아니라, 그것의 가소성에 기인한 불명확성, 말하자면 대상의 차이는 물론이고 그에 영향을 미치는 다양한 요소를 "뒤섞어버리는" 능력에 있다.[6]

세대 레토릭은 전혀 상이한 층위, 즉 사회 전체와 조직과 가족에서 나타나는 긴장과 갈등을 뒤섞어버린다. 사회 전체에서 나타나는 노인과 청년의 갈등에 대해 생각할 때 보통 우리는 일상적으로 겪는 경험들, 예컨대 부모와 자식 사이의 긴장이나 교사와 학생의 알력 또는 직장 상사와 부하 직원의 불화를 염두에 두게 마련이다. 그러나 사회 전체 수준에서 나타나는 세대 갈등, 예컨대 권력이나 연금이나 일자리를 둘러싼 다툼은 그에 영향을 미치는 요소들의 다양성이나 범위에서 가족이나 학교나 조직의 세대 갈등과는 전혀 다르다. 문제 해결을 염두에 둔다면 똑같이 들리는 세대 용어를 엄격히 구별하겠지만, 자기 정치에만 주력하는 정치인처럼 책임 공방(비난)이나 지지자를 모으는 데만 관심을 둔다면 그렇게 까다로울 필요가 없다.

칸토레크들은 권력이나 돈에 대해서는 물러섬이 없지만, 세대들에 대해서는 까다롭지 않다. 바로 이런 이유로 세대의 명칭이나 속성보다 그것의 '활용'에 주목해야 한다. 현재 우리는 "다양한 사회정책 담론과 과학 분야에서 '세대'가 매우 상이한 방식으로 도구화되는 상황에 직면해 있다."[7] 세대의 속뜻이나 본래적 의미에 상관없이 세대를 말하는 사람이 나름의 이익과 의도에 따라 그것을 활용하는 정도가 강해졌다는 것이다. 그래서 "세대나 세대들의 존재 여부를 분석하는 것은 중요하지 않다. 분석이 필요한 부분은 세대나 세대들이 표명되고 구성되는 방식과 이해관심이다." 지금껏 세대 연구가 몰두해온 존재론적 탐구 양식, 즉 세대나 세대 갈등의 '존재' 여부를 입증하는 것만으로 부족하다. 세대나 세대 갈등이 '어떤 이해 관심' 속에서 '어떤 방식'으로 논의되고 다뤄지고 가공되는지에 대한 탐구가 필요하다. 요컨대 세대가 커뮤니케이션 되는 방식과 그것의 전략적 측면, 곧 세대 언어와 세대 게임을 성실히 살펴야 한다.

세대 언어의 매력을 극대화한 것이 세대 프레임이다. 앞서 언급한 가로등의 은유로 말하면, 세대 프레임은 가로등 불빛에 세대들만 비추는 것이다. 세대 프레임은 어떤 사회적 문제를 세대의 틀로 정의하고, 특정 세대에게 책임을 묻고, 그 세대에게 벌을 가하거나 그들로 인해 손해를 입은 다른 세대에게 보상하는 식으로 문제 해결을 요구한다.

어떤 기업 조직이 적절한 성과를 내지 못한다 치자. 그 까닭은 헤아릴 수 없을 만큼 많다. 한국의 산업구조가 취약해서, 4차 산업혁명이 이미 시작돼서, 그것도 아니라면 자본주의적 발전이 한계에 도달해서 그럴 수 있다. 원인 진단 자체가 지난한 작업이다. 그러나 세대 프레임은 그 문제의 원인을 빠르고 쉽게 밝혀준다. 즉 조직의 신세대와 구세대가 소통을 못 해서 생긴 문제이며, 그 책임은 '싸가지' 없는 신세대가 또는 '꼰대'인 구세대가 져야 하며, 해결책은 신세대에게 '싸가지'를 또는 구세대에게 '꼰대'에서 벗어나는 방법을 가르치는 것이다. 여기서 흥미로운 것은 세대 프레임이 경우에 따라서는 모두를 행복하게 만든다는 것이다. 문제를 진단하는 컨설턴트와, 싸가지나 꼰대에서 벗어나는 방법을 가르치는 기업교육 강사는 돈을 벌고, 경영자나 조직 구성원은 성과를 높이기 위해 노력했다고 만족한다. 물론 장기적으로 보면 조직의 외부자(컨설턴트와 교육 강사)를 뺀 모두가 불행해질 공산도 적지 않다. 가깝게는 문제의 원흉으로 지목된 특정 세대, 멀게는 성과가 개선되지 않아 조직이 와해되어 실업자가 된 모든 조직 구성원들이 불행하다. 말하자면, 조직 구성원과 외부 전문가의 처지가 다르다.

우리는 앞에서 세대 게임의 플레이어와 세대 당사자를 나눴다. 외부 전문가는 플레이어, 조직 구성원은 당사자에 가깝다. 지지자 세대 게임은, 위 사례와 마찬가지로, 플레이어와 당사자를 모두 행복하게 할 수 있다. 당사자는 자긍심을, 플레이어는 지지자를 얻기 때문이다. 하지만 결과적으로 플레이어를 제외한 모두가 불행해질 수 있다. 적으로 지목된 세대는 부당한 취급을 받게 될 것이고, 쓸데없는 세대 갈등에 주력하느라 진짜 중요한 문제를 챙기지 못해 나라 전체가, 따라서 모든 세대 당사자가 위험에 처할 수 있기 때문이다. 물론 플레이어는 예외다. 최악의 경우 그들은, 마치 세월호 선장이 그랬듯이, 이 나라를 가장 먼저 탈출할 능력과 자원과 의지가 있다.

세대 프레임은 사회문제를 '세대'의 부호로 변환한다. 이렇게 되면 그 문제의 세대적이지 않은 다른 측면들은 보이지 않게 된다. 세대 프레임이 작동하여 문제 사안을 호도하는 위험에 대한 경고는 예전부터 있었다. 이를 가장 체계적으로 말한 연구자는 역사학자 로버트 볼이다. 그는 세대 연구의 고전 『1914년 세대』에서 모든 사안에 세대 프레임을 '들이대는' 태도를 "세대주의" 또는 "세대주의자"라 불렀다.• 세대주의자는 세대 게임 플레이어의 원형이라 할 수 있다. 물론 볼이 관심을 둔 20세기 초반 유럽의 세대주의자들은 오늘날 세대 게임의 플레이어와는 다소 차이가 있다. 당시 세대주의자들은 플레이어와 게임에 참여하는 세대 당사자의 역할을 모두 수행했다. 볼에 따르면,

• Robert Wohl, *The generation of 1914*, Cambridge et al.: Harvard University Press, 1979, p. 5. '1914년 세대'는 당시 유럽의 청년 지식인들을 지칭하는 말이다. 그들은 스스로를 "로스트lost 제너레이션"이라고도 불렀다. '로스트'의 뜻은 다양한 의미를 포함한다. 패배나 실종missing, 또는 방향 상실disorientation 등으로 쓰였다. 로스트 제너레이션이라는 용어는 그 이후에도 다양한 방식으로 변주되어 사용되었다.

1914년 세대의 대부분은 플레이어 역할("세대 이념을 자신의 목적을 위해 착취"하는 역할)을 명시적으로 인정하지 않았다.[8] 예외는 있게 마련, 바로 오즈월드 경이다. 세대주의자로서 1940년대까지 영국의 정치 무대에서 활약한 오즈월드 경은 1968년 자서전에서 자신이 세대 게임의 플레이어로서 '세대 이념을 착취'했음을 고백했다. "청년 팔이youth racket," 풀어 말해서 「청년을 팔아서 부당한 이익을 보는 행위」라는 챕터에서 이렇게 썼다. "세대 전쟁은 계급 전쟁보다 멍청하다. 그럴 이유가 훨씬 적기 때문이다. 그것은 거의 언제나 〔……〕 지적인 능력이 부족함을 알려주는 신호다. 어느 정도 지능을 갖추게 되면, 세대들의 충돌은 존재하기를 중지할 것이다."

3. 개혁의 역설과 미래의 세대 갈등

2017년 정권 교체와 함께 한국 신보수주의자의 자랑인 양수겸장의 통치술도 일단 끝이 났다. 정권을 상실했기에 정책과 관련한 비난의 세대 게임을 벌일 처지가 아니며, 오로지 시간의 실향민을 대상으로 하는 지지자 세대 게임에 매진할 것이다. 하지만 그들이 시작한 비난의 세대 게임, 곧 세대 전쟁론은 더 확산될 조짐이다. 신자유주의적 정책 개혁은 신보수주의의 독점물이 아니다. 김대중·노무현 정부에서 이미 착수되었던 것을 신보수주의 정권이 성실하게 계승했을 뿐이다. 새롭게 정부를 구성한 진보세력은 애초부터 청년 친화적인 지지자 세대 게임을 펼쳤다. 그런 의미에서 노인에게 거리를 두었던 진보 정권은 더 원형에 가까운 세대 전쟁론을, 그러니까 노인 세대를 속죄양으로 삼는 비난의 세대 게임을 펼칠 가능성이 커졌다. 보수 정권과 차별적인 개혁을 해야 한다는 자신들의 요구와 시민들의 요청이 더 커질 것이 분명하고, 저출산·고령화에 대한 압도적인 공포가 여전하며, 게다가 자신들에 대한 어르신들의 지지도가 다른 연령대에 비해 낮다는 것을 고려하여 서구에서 검토되었던 청년 친화적인 정책들을 추진할 수도 있다.

이를테면 '부모 투표권'이다. 이는 소설테이너 김제동이 "아이를 키우는 엄마에게 투표권을 하나 더 주자"고 주장하면서 널리 알려졌다. 김제동의 의견은 보수적인 가족옹호론의 입장을 대변한 것으로 보인다. '가족 수호가 여성의 책무이자 권리다'라는 암시가 담긴 그의 주장이 '여성 혐오'적이라는 비판도 있다. 어쨌든 부모 투표권을 도입하자는 주장의 밑바닥에는 노인의 지배에 대한 두려움이 깔렸다. 저출산·고령화의 결과 노인들이 다수가 되면, 민주적 절차에 따라 자신들의 특수 이익을 관철할 것이다. 게다가 지난 10년 동안 시간 향우회의 결집된 힘을 겪었고, 최근 난폭한 시간의 실향민을 경험한 우리로서는 더욱 두렵다. 그래서 부모 투표권이 더 매력적으로 보인다. 젊은이들의 투표권이 늘어나면, 어르신들이 다수가 되는 추세를 막을 수는 없더라도 최소한 지연할 수는 있겠지. 부모 투표권의 도입은, 그러나 오히려 역설적인 결과를 가져올 수 있다. 이른바 '개혁의 역설'이다.

만약 노인들이 아이들의 권리가 부모의 투표를 통해서 표현된다고 생각한다면, 젊은 세대들을 고려치 않고 자신만을 생각하면서 투표할 것이다. 말하자면, 부모 투표권은 어르신들의 자기 이해를 각성시킬 것이다. 청년 할당제 역시 부모 투표권과 비슷한 궤적을 그릴 수 있다. 노인의 지배에 대한 두려움이 정책 도입의 근거지만, 얄궂게도 그 정책이 노인들을 결집시키는 빌미가 될 수 있다. 젊은이를 중심으로 투표 인증샷 붐이 일었을 때, 그것은 장·노년층의 투표를 독려하는 계기이기도 했다. '젊은것들이 저러는데 우리도 가만있을 순 없지.'

사실 나는 부모 투표권, 청년 할당제, 선거연령 하향, 공직자 연령 제한과 같은 개혁 정책들을 지지한다. 다만 조건이 있다. 그러한 정책들의 근거에서 세대 프레임을 걷어내야 한다. 다시 부모 투표권을 보자. 부모 투표권은 다양한 정치적 입장에서 지지된다. 예컨대 앞서 말한 보수적인 가족 수호론(가족을 지키기 위해 수고하는 부모에게 더 많은 권리를 부여하자), 급진적 민주주의 성향("태어나면서부터 바로 투표권을"), 중립적인 입장(앞의 두 경향을 중재하여 아이의 권리를 부모가 대리하도록 하는 것) 등을 가로지르는 정책 담론이다.[9] 보수적인 가족 수호론은 전형적인 세대 프레임이다. 그것은 정치적 다수가 된 노인들이 사회의 인력 생산을 담당하는 젊은 가족들의 요구를 무시하고 자신들의 이익만을 좇을 것을 염려하는 것, 즉 노인 대 젊은 가족이라는 대립 항을 전제하고, 양자의 관계를 제로섬 게임으로 파악하는 것이다. 정책의 공론화 과정이나 정책 목표 설정에서 노인과 젊은이의 대립과 제로섬 관계가 강조되면, 개혁의 역설, 그러니까 애초에 없던 세대 이기주의를 생성·강화시켜 세대 연대를 약화시킬 수 있다.

급진적 민주주의나 중립적 입장은 세대 프레임의 개입 여지가 없거나 제한적이다. 그것은 보편적 인권의 측면에서 사안에 접근하며(나이에 상관없이 투표할 권리를 지닌다), 그것을 현실에 적용하는 데서 생기는 어려움을 관리하려 노력한다(일정 기간 동안 부모가 자녀의 권리를 대행한다). '너희 세대가 권리를 독점해서, 우리 세대의 권리가 침해되고 있으니 이제 그것을 내놓으라'는 뜨거운 요구가 아니라, 인간의 보편적 권리를 인정하자는 '건조한' 요구일 뿐이다. 그것은 마치 '여성은 피해자, 남성은 가해자'라는 식의 편견을 페미니즘 논쟁에서 걷어내자는 건조한 요구와 같다.[10] 페미니즘이 반대하는 것이 남성이 아니라 남성 중심주의인 것처럼, 우리 역시 세대를 피해자와 가해자로 나누는 세대 프레임의 편견에서 벗어나야 한다. 만약 그러지 못한다면, 우리는 지금껏 경험하지 못한 새로운 차원의 세대 갈등을 맞게 될 것이다.

이를테면, 싱글이 해악의 원흉이다! 2014년 지금은 사라진 새누리당의 대표 김무성의 말이다. "나에게 힘이 있다면 아기를 많이 낳은 순서대로 〔여성〕 비례대표 공천을 줘야 하지 않겠나, 하는 고민을 심각하게 하고 있다." 농담이었지만 새로운 세대 갈등의 전선을 예감케 한다. 애를 낳아 국가의 경쟁력에 보탬이 되는 '정상 가족' 대 결혼과 출산이라는 국가적 과업을 수행하지 않는 '이기적 싱글.' 싱글은 탐욕스런 노년 세대보다 더 고약해 보인다. 2008년 한국에서 노인장기요양보험제도가 출범하였다. 그것은 독일의 수발 보험Pflegeversicherung을 전례로 삼은 제도다. 독일의 연방 대법원은 2001년 수발 보험료와 관련해서 매우 중요한 판례를 남겼다. 그에 따라 보험료 차등 납부의 길이 열렸다. 아이가 없는 성인 싱글들은 좀더 내고, 아이를 낳은 가족들은 적게 내야 한다.[11] 과격하게 표현하면, 쾌락적 싱글들과 아이가 없는 이기적 맞벌이 가족들에 대한 적개심이 서린 판결이다. 사회의 재생산에 기여하지 않는 자들을 징치懲治하라.

한국에는 징벌적 싱글세도 없으며 OECD 국가와의 비교에서도 비교적 '평등'하지만, 차별에 대한 싱글의 경계심이 높다. 박선영과 박재현은 그 이유를 싱글이라는 삶의 형식이 '자율적 판단의 결과로 선택된 것'이 아니라는 점에서 찾는다. 한국은 "결혼과 출산이라는 것 자체가 경제력이 뒷받침되지 않으면 불가능한 'N포세대의 헬조선'이기 때문이다. 문제의 핵심은 싱글이라 세금을 더 낸다는 사실이 아니라 빈곤층에서 싱글들이 더 많이 나오고 있다는 데 있다."[12] 원해서 그런 것이 아니라 가난하기 때문에 싱글일 수밖에 없는데, 싱글을 징벌한다는 게 가당키나 한

가. 싱글들이 예민한 또 다른 이유는 피부로 느끼는 현실적인 싱글 차별 때문이다. 일례로 2016년 12월 행정자치부는 "출산지도" 또는 "가임기 여성 분포지도"를 발표했다. 일명 '싱싱한 자궁지도'로도 불리는 출산지도는 크게 비판받았고 곧 사라졌지만, 국가가 '출산의 기계'를 얼마나 눈여겨보는지가 드러났다. 목표 출산율 2.1에 도달하지 못하면 나라가 소멸할 것이라는 식의 전문가 진단과 궤를 같이한다. 이보다 더한 암울한 미래 예감의 증거는 없다. 국가를 위해 쓰이지 않는 자(궁)들은 곧 크게 주목받을 것이다.

현재와 미래의 세대 갈등에서 핵심 키워드는 역시 저출산·고령화다. 세대 갈등은, 다른 모든 갈등이 그런 것처럼 불안과 연결된다. 불안하니 싸울 일이 많아진 것이다. 모든 것이 어떻게 변할지 모르는 데다가 무시무시한 속도로 변하고 있다. 다만 한 가지만은 확실하다. 세계가 늙어가고 있다. 사회가 늙어간다는 것은 단지 사회 구성원이 늙어간다는 뜻 이상의 것을 담기에, 오늘의 세계를 사는 사람들에게 큰 도전이다. 무엇보다 근대의 연령 분할, 그러니까 양육 세대(키워야 할 어린이와 젊은이), 생산 세대(양육과 부양을 책임질 성인), 부양 세대(부양받아야 할 어르신)라는 근대의 연령 분할이 뿌리부터 뒤흔들렸기 때문이다. 예컨대 아이들이 성인이 될 가능성은 계속 지연되지만, 이미 성인의 '신자유주의적 노동 윤리'와 별다를 바 없는 삶의 윤리(가령 친구 관계와 학습에서 '몰빵'을 금지하는 포트폴리오 관리 기법)를 체득하고 실행하는 중이다. 모든 사회 영역에서 예전에 통용되던 연령 분할의 경계는 헐거워지고 부분적으로 허물어졌지만, 아직 새로운 경계가 세워질 기미도 안 보인다. 그곳에서 세대 갈등의 기본 형식, 즉 '아직은 아니다'라고 믿는 자들과 '이미 늦었다'라고 생각하는 자들의 갈등이 다양하고 복잡한 모습으로 등장할 것이다.

세대 게임이 활약할 '최고의 순간'이다. 세대 게임은 빠르게 다가오는, 알 수 없는 세계를 그만큼 빠르고 쉽게 설명해준다. 비난의 세대 게임은 비참한 현실의 책임이 누구에게 있는지 지목하고, 지지자 세대 게임은 누구를 지지해야 문제를 해결할 수 있는지, 또는 어차피 문제 해결이 요원하다는 것을 알아챈 냉소적 시민들에게는 누구를 공격해도 되는지 알려준다.

그런데 세대 게임과 함께 '세대'라는 용어는 '나쁜 것'이며, 따라서 그것들을 모두 '청산'해야 하는 것일까? 지금껏 그에 대해 부정적으로 묘사한 탓에 내 입장을 그렇게 생각하는 독자들이 있을 수 있다. 내 답은, '미안하지만 아닙니다.' 나는 세대가 가진 힘, 곧 일상생활에 필요한 도구로서의 힘과 분석적 도구로서의 힘을 믿는다. 특히 가속화된 사회에서 세대는 시간 정체성의 표현으로서 그 중요성이 더 커질 것이다. 내가 경계하는 것은 그렇게 세대가 중요한 만큼, 세대를 활용하여 자신의 목적을 이루려는 집단과 세력의 준동도 더 커지고 강해질 것이라는 점이다. 그래서 더한 조심성으로 경계해야 한다. 세대 프레임의 가로등 불빛이 비추는 곳만 보아서는 안 된다. 세대 게임의 칸토레크들이 짜놓은 세대들의 전쟁터에 참전하기를 의심하고 주저해야 한다. 적절히 의심하고 주저하기 위해서 세대가 커뮤니케이션 되는 방식과 그것의 전략적 측면, 곧 세대 게임의 논리를 이해하는 것이 필요하다. 지금껏 책이 다룬 바가 그 출발점이 되었으면 좋겠다.

마지막 질문이다. 시간의 실향민을 어떻게 응대해야 할까? 앞서 인용한 인터뷰에서 김재환 감독은 실향민들이 그럴 수밖에 없는 이유를 "알고 놓아버리는 청산 절차를 밟을 수밖에 없다"고 말한다. 청산, 그러니까 부정적인 것을 깨끗이 지워내기 전에 그들이 '회고적으로 극단화'될 수밖에 없었던 이유를 알아야 한다는 것이다. 가속화된 사회는 변화의 속도에 맞출 수 없는 사람들을 만들어내기 마련이고, 그렇게 변화에 부응하지 못하는 사람들을 주류 사회는 실패자라 낙인찍는다. 시간의 실향민들은 그러한 낙인에 맞서 정치 참여를 통해 '주체적'으로 저항하는 세대다. 시간의 실향민들이 저항하는 근거이자 무기는, 사라질 위기에 처한 시간 고향에 대한 '향수'다.

나는 앞에서 향수를 뒤로 돌아가거나(미시마 유키오), 앞으로 나아가는 것으로 구분했다. 스베틀라나 보임 역시 향수를 "복원적"이거나 "성찰적" 행위로 구분한다.[13] 복원적 향수는 "현실과의 대면을 거부하고 상상적 과거로 숨어들어가는 비겁한 행위"이고, 성찰적 향수는 "지금의 위기를 초래한 문제적 기원을 폭로하면서 놓쳐버린 또 하나의 미래를 되찾고자 하는 비판적 행위"다. 시간의 실향민들은 안타깝게도 복원적 향수에 빠졌다. 액면으로 보면 무엇이 '더 나은지' 명확하다. 상상된 과거로 숨어들기보다, 과거에 상실한 또 다른 미래를 위해 나아가는 것이 더 낫다. 그러나 그러한 평가는, 나타샤가 스베틀라나 알렉시예비치를 비난한 것처럼 '당신의 진리'일 뿐이고, 당사자들은 그에 아무런 관심도 없을 수 있다. 당사자들은 어차피 알 수도, 개선의 여지도 없는 현실의 삶에서 잠시 피신하여 위안을 받을 수 있는 피난항이 더 소중할 수 있다. 앞의 말을 받자면, 그들은 주저하고 의심할 이유나 여지도 없는 상태일 수 있다.

주저할 수도, 의심할 수도 없는 상태에 빠진 시간의 실향민들을 응대하는 방법은 세 가지다.

첫번째는 진보적 플레이어가 사용했던 방법, 즉 유신 시절을 살아온 사람들을 '별종'으로 처리하는 방법을 재활용하는 것이다. 하지만 그 대가가 얼마나 컸는지 알기에, 또 문제의 심각성을 더 키울 수 있기에(실향민들의 분노를 착취하려는 보수적 플레이어를 준동시킬 수 있다) 절대 권할 수 없다.

두번째는 그들의 복원적 향수를 성찰적 향수로 바꾸는 것이다. 아름답지만 말처럼 쉽지 않다. 실행 방법이나 절차도 불명확하다. 게다가 그러한 계몽적 시각은 그들의 심기를 더 거스를 것이 분명하다. 실향민들이 뒤로 돌아가는 향수에 빠진 이유도 자신들(의 역사)에 대한 몰인정과 그로 인한 자긍심의 훼손 아니었던가. 따라서 이것도 권할 수 없다.

세번째 응대 방법은 그들의 현재적 필요에 화답하여, 그들이 조금 더 수월하게 자신의 생애를 역사화할 수 있도록 돕는 것이다. 앞서 '폐허의 여인'에 각 시기의 현재적 필요가 어떻게 담기는지 살폈다. 시간의 실향민 역시 자신들의 세대 원형(예컨대 「국제시장」의 윤덕수)에게 현재의 필요를 담는다. 실향민들의 첫번째 현재적 필요는 자신들의 열악한 삶에 대한 관심과 개선이다. 부연이 필요 없는 사항이다. 두번째 필요는 '내가 너희들을 위해 희생했어'라는 점을 인정하라는 것, 구체적으로 자신들의 시간 고향을 재건하고 세대 대상을 복권해달라는 것이다. 실향민들이 요구하는 모든 것을 그대로 수용할 수는 없는 노릇. 일단 그들의 시간 고향을 '보수'해야 한다. 이 보수는 옛것을 지키는 保守가 아니라 낡거나 부서진 것을 고치는 補修다. 그러나 세대 대상에 대해서는 단호해야 한다. 그것의 복권은 절대 있을 수 없다! 이를 위해 무엇보다 공동체의 역사적 성과와 과오를 특정 개인(예컨대 박정희)의 업적이나 탓으로 돌리는 기괴한 관행을 깨야 한다. 한 국가 공동체의 역사가 특정 개인이나 그의 가족(신성한 삼위일체)의 힘으로 좌지우지되지 않기 때문이다. 온갖 넘쳐나는 개인 숭배와 그것의 거울 이미지인 악마화를 우리 역사에서 뜯어내야 한다.

시간의 실향민들이 신성한 삼위일체라는 세대 대상으로부터 자신을 분리해야, 비로소 자신의 생애를 역사화할 수 있을 것이다. 그것은 당연히 어려운 일이다. 자신들의 시대가 지났음을, 자신들의 삶이 역사가 되었음을 인정해야 하기 때문이다. 그러나 세대교체는 필연적이다. 시간의 실향민인 자신들이 과거에 그랬던 것처럼, 이제 '새로운' 세대가 선배들이 남긴 바를 나름의 방식으로 '요리'할 때가 되었다. 세대교체를 앞둔 선배 세대들의 분하고 걱정스런 마음을 다독일 방법이 마뜩잖다. 김수영의 시 「현대식 교량」을 읽으며 우리 모두가 과거의 기억과 노력을 후대에 전하고 건네주는 다리임을 실감해볼 수밖에.

현대식 교량

현대식 교량을 건널 때마다 나는 갑자기 회고주의자가

된다
이것이 얼마나 죄가 많은 다리인 줄 모르고
식민지의 곤충들이 24시간을
자기의 다리처럼 건너다닌다
나이 어린 사람들은 어째서 이 다리가 부자연스러운지를 모른다
그러니까 이 다리를 건너갈 때마다
나는 나의 심장을 기계처럼 중지시킨다
(이런 연습을 나는 무수히 해왔다)

그러나 문제는 이러한 반항에 있지 않다
저 젊은이들의 나에 대한 사랑에 있다
아니 신용이라고 해도 된다
「선생님 이야기는 20년 전 이야기이지요」
할 때마다 나는 그들의 나이를 찬찬히
소급해 가면서 새로운 여유를 느낀다
새로운 역사라고 해도 좋다

이런 경이는 나를 늙게 하는 동시에 젊게 한다

아니 늙게 하지도 젊게 하지도 않는다
이 다리 밑에서 엇갈리는 기차처럼
늙음과 젊음의 분간이 서지 않는다
다리는 이러한 정지의 증인이다
젊음과 늙음이 엇갈리는 순간
그러한 속력과 속력의 정돈停頓 속에서
다리는 사랑을 배운다
정말 희한한 일이다
나는 이제 적을 형제로 만드는 실증實證을
똑똑하게 천천히 보았으니까![14]

미주

1장 의심하고 주저하기

1 Cabinet Office Performance & Innovation Unit, *Winning the generation game: Improving opportunities for people aged 50~65 in work and community activity*, Stationery Office Books, 2000.

2 에리히 마리아 레마르크, 『서부 전선 이상 없다』, 홍성광 옮김, 열린책들, 2009, p. 22. 아래 인용은 p. 17.

3 카를 마르크스, 「루이 보나파르트 브뤼메르 18일」, 『프랑스 혁명사 3부작』, 임지현·이종훈 옮김, 소나무, 2017, p. 313.

2장 나이와 경험—세대를 정의하는 두 가지 기준

1 카를 만하임, 『세대 문제』, 이남석 옮김, 책세상, 2013, pp. 144~45의 주 66.

2 미우라 아쓰시, 『하류사회—새로운 계층집단의 출현』, 이화성 옮김, 씨앗을뿌리는사람, 2006.

3 미우라 아쓰시, 『격차고정—이제 계층 상승은 없다』, 노경아 옮김, 세종연구원, 2016, p. 99. 아래 인용은 p. 100.

4 Martin Kohli, "Die Institutionalisierung des Lebenslaufs: Historische Be-

funde und theoretische Argumente," *Kölner Zeitschrift für Soziologie und Sozialpsychologie*, 37, 1985.

5 카를 만하임, 『세대 문제』, p. 58.

3장 청년은 비참하고 노년은 화려하다—청년과 노년의 이미지 변화

1 *The Economist*, "The millennial generation. Young, gifted and held back: The world's young are an oppressed minority. Unleash them," 2016-01-23; 홍정규·이신영, 「與 공천관리위원장에 이한구…위원 외부인사 포함 12~13명」, 『연합뉴스』, 2016-02-04.

2 Margaret Mead, *Culture and commitment: A study of the generation gap*, New York: Natural History Press, 1970, p. 87.

3 김지영, 『매혹의 근대, 일상의 모험—개념사로 읽는 근대의 일상과 문학』, 돌베개, 2016, p. 162와 157.

4 이기훈, 『청년아 청년아 우리 청년아—근대, 청년을 호명하다』, 돌베개, 2014, p. 317.

5 정태영·고영곤·정혜주, 「항노화산업 활성화 방안에 관한 연구」, 『보건의료산업학회지』, 10, 2016, p. 149.

6 Robert H. Binstock, Jennifer R. Fishman & Thomas E. Johnson, "Anti-aging medicine and science: Social implications," Robert H. Binstock & Linda K. George(eds.), *Handbook of aging and the social sciences*(6th ed.), San Diego: Academic Press, 2006, p. 436.

7 존 로·로버트 칸, 『성공적인 노화』, 최혜경·권유경 옮김, 학지사, 2001.

8 Detlef B. Linke, "Kompetenz zwischen Prophylaxe und Rehabilitation," Erich E. Geißler(ed.), *Bildung für das Alter, Bildung im Alter. Expertisensammlung*, Bonn: Bouvier, 1990, p. 188.

9 Julia Rozanova, "Discourse of successful aging in the globe & mail: Insights from critical gerontology," *Journal of aging studies*, 24, 2010, p. 215.

10 Alan Walker, "A strategy for active ageing," *International social security review*, 55, 2002, p. 137(Stephan Lessenich, "From Retirement to Active Aging: Changing Images of 'Old Age' in the Late Twentieth and Early Twenty-First Centuries," Cornelius Torp(ed.), *Challenges of Aging: Pensions, retirement and generational justice*, Houndmills et al.: Palgrave Macmillan, 2015, p. 167에서

재인용).

11 Stephan Lessenich, 같은 글, p. 168.

12 김주현, 「연령주의Ageism와 사회적 전개」, 정순둘 외, 『연령통합—새로운 사회구성의 원리』, 공동체, 2016, p. 69.

13 전병유·신진욱 엮음, 『다중격차, 한국 사회 불평등 구조』, 페이퍼로드, 2016, p. 15. 아래 "불평등의 양극화" 인용은 p. 80.

14 조한혜정·엄기호 외, 『노오력의 배신—청년을 거부하는 국가, 사회를 거부하는 청년』, 2016, 창비, p. 10.

15 Jason L. Powell & Charles F. Longino Jr., "Towards the postmodernization of aging: The body and social theory," *Journal of Aging and identity*, 6, 2001, p. 203.

16 Peter Öberg & Lars Tornstam, "Youthfulness and fitness—Identity ideals for all ages?," *Journal of Aging and Identity*, 6, 2001, 특히 p. 20.

17 Christine Griffin, *Representations of Youth: The study of youth and adolescence in Britain and America*, Cambridge: Polity Press, 1993, pp. 202~205.

18 리처드 세넷, 『뉴캐피털리즘—표류하는 개인과 소멸하는 열정』, 유병선 옮김, 위즈덤하우스, 2009, p. 53. 아래 미국 자동차 산업에 대한 인용은 p. 56.

19 Michael Laskawy, *Uncommitted: Contemporary Work and the Search for Self, a Qualitative Study of 28~34 Year-Old College-educated Americans*(미출간 박사학위논문), New York University, 2004(리처드 세넷, 『뉴캐피털리즘』, p. 96에서 재인용).

20 Lothar Böhnisch, *Pädagogische Soziologie: Eine Einführung*, Weinheim: Juventa Verlag, 2003, p. 304.

21 이기훈, 『청년아 청년아 우리 청년아』, p. 21.

22 Ulrich Hermann, "Der 'Jüngling' und der 'Jugendliche.' Männliche Jugend im Spiegel polarisierender Wahrnehmungsmuster an der Wende vom 19. zum 20. Jahrhundert in Deutschland," *Geschichte und Gesellschaft*, 11, 1985, p. 207.

23 이기훈, 『청년아 청년아 우리 청년아』, p. 113. 아래 인용들은 p. 317과 217, p. 227과 228.

24 정수남·권영인·박건·은기수, 「'청춘' 밖의 청춘, 그들의 성인기 이행과 자아정체성」, 『문화와사회』, 12, 2012.

25 Benno Hafeneger, *Jugendbilder. Zwischen Hoffnung, Kontrolle, Erziehung und Dialog*, Opladen: Leske+Budrich, 1995. 이하 내용은 책의 3.3, 3.4, 3.5장에서

인용했으며, 편의를 위해 쪽수는 생략한다.

26 지그문트 바우만, 『새로운 빈곤—노동, 소비주의 그리고 뉴푸어』, 이수영 옮김, 천지인, 2010, p. 135.

27 지그문트 바우만, 『쓰레기가 되는 삶들—모더니티와 그 추방자들』, 정일준 옮김, 새물결, 2008, p. 32.

28 아래 인용은 이기훈, 『청년아 청년아 우리 청년아』, pp. 124~26.

29 리처드 세넷, 『뉴캐피털리즘』, p. 109. 아래 인용은 p. 119.

30 Harry Blatterer, "The changing semantics of youth and adulthood," *Cultural sociology*, 4, 2010, p. 71. 아래 인용은 p. 69와 65.

31 지그문트 바우만·리카르도 마체오, 『지그문트 바우만, 소비사회와 교육을 말하다』, 나현영 옮김, 현암사, 2016, p. 92. 아래 인용은 p. 93.

32 같은 책, p. 92.

4장 세대 전쟁—청년 대 기성세대의 대결

1 Robert H. Binstock, "From compassionate ageism to intergenerational conflict?," *The Gerontologist*, 50, 2010, p. 578.

2 Lester C. Thurow, "The birth of a revolutionary class," *The New York Times Magazine*, 1996-5-19(Axel Boersch-Supan, Gabriel Heller & Anette Reil-Held, "Is intergenerational cohesion falling apart in old Europe?," *Public Policy & Aging Report*, 2011, p. 17에서 재인용).

3 David Thomson, *Selfish generations: The ageing of the welfare state*, Wellington: Allen & Unwin, 1989. 데이비드 톰슨은 이 책을 원형으로 삼아 1991년 *Selfish generation? The ageing of New Zealand's welfare state*, Wellington: Bridget Williams Books(Limited)와 1996년 *Selfish generations? How welfare states grow old*, Cambridge: The White House Press의 새로운 판본을 발표한다.

4 전영준, 「복지지출 확대가 세대 간 형평성에 미치는 효과 분석」, 『한국개발연구』, 34, 2012, pp. 34~35.

5 서구 논의에 대한 전반적인 조망은 다음을 참조하라. Antoine Bommier, Ronald Lee, Timothy Miller & Stéphane Zuber, "Who wins and who loses? Public transfer accounts for US generations born 1850 to 2090," *Population and Development Review*, The population Council, Inc., 36, 2010.

6 하인츠 부데, 「맥락으로 보는 '세대'」, 울리케 유라이트·미하엘 빌트 엮음,

『세대란 무엇인가?—카를 만하임 이후 세대담론의 주제들』, 한독젠더문화연구회(박희경 외) 옮김, 한울, 2014, p. 60.

7 Thomas Sokoll, *Soziale Sicherung und demographische Wechsellagen: England seit dem 16. Jh.*, Vortrag bei der DGD Jahrestagung in Stuttgart 2008(Christina May, *Generation als Argument: Konflikte um die Rentenversicherung in Deutschland, Grossbritannien und den Niederlanden*, Frankfurt a.M.: Campus Forschung, 2010, p. 28에서 재인용).

8 박준호, 「한국, 실질은퇴연령 OECD 국가 중 가장 높아……」, 『뉴시스』, 2017-04-02.

9 Martin Kohli, "Generations in aging societies: Inequalities, cleavages, conflicts," Cornelius Torp(ed.), *Challenges of Aging: Pensions, retirement and generational justice*, Palgrave Macmillan UK, 2015.

10 Antoine Bommier et al., "Who wins and who loses? Public transfer accounts for US generations born 1850 to 2090," pp. 1~2.

11 Christina May, "Rentnerkohorten und soziale Ungleichheit. Fakt und Fiktion generationeller Prägungen im Wohlfahrtstaat," Björn Bohnenkamp, Till Manning & Eva-Maria Silies(eds.), *Generation als Erzählung: Neue Perspektiven auf ein kulturelles Deutungsmuster*, Göttingen: Wallstein, 2009, p. 235.

12 전 세계적으로 인기가 높았던 로런스 J. 코틀리코프·스콧 번스의 책 두 권이 그 증거다(『다가올 세대의 거대한 폭풍』, 김정혜·장환 옮김, 한언출판사, 2004; 『세대충돌』, 정명진 옮김, 부글북스, 2012). 물론 현대적 세대 전쟁론자들의 독창성이 그리 대단해 보이지는 않는다. 영국의 정치인 오즈월드 경Sir Oswald Mosely(보수당과 노동당을 거쳐 영국 파시스트 연합을 창당)은 1968년 출판한 자서전에서 세대 전쟁, 세대 충돌과 같은 개념들을 적극적으로 활용했다. Robert Wohl, *The generation of 1914*, Cambridge et al.: Harvard University Press, 1979, p. 294의 주 48.

13 Samuel H. Preston, "Children and the elderly: Divergent paths for America's dependents," *Demography*, 21, 1984; Paul Johnson, Christoph Conrad & David Thomson(eds), *Workers versus Pensioners: Intergenerational Justice in an Ageing World*, Manchester: Manchester University Press, 1989; Reimer Gronemeyer, *Die Entfernung vom Wolfsrudel: Über den drohenden Krieg der Jungen gegen die Alten*, Düsseldorf: Claasen, 1989.

14 박종훈, 『지상 최대의 경제 사기극, 세대전쟁』, 21세기북스, 2013, pp. 97~

100.

15 다음 책의 부제를 보라. 전영수, 『세대전쟁—부자 아빠와 가난한 아들의 밥그릇 쟁탈전』, 이인시각, 2013.

16 Samuel H. Preston, "Children and the elderly: Divergent paths for America's dependents," p. 450.

17 David Thomson, *Selfish generations: The ageing of the welfare state*.

18 물론 나라에 따라 부담 비율이나 방식이 다르다. 이와 관련해서 다음을 참조하라. 오건호, 『내가 만드는 공적 연금—고용 불안 시대의 노후 대비와 우리 세대의 과제』, 책세상, 2016, p. 129.

19 Richard A. Easterlin, "The new age structure of poverty in America: Permanent or transient?," *Population and Development Review*, 13, 1987, p. 206.

20 로런스 J. 코틀리코프·스콧 번스, 『세대충돌』, p. 124. 아래 인용은 pp. 124~27.

21 André Kieserling, "Selbstbeschreibung und Fremdbeschreibung," *Beiträge zur Soziologie soziologischen Wissens*, Frankfurt a.M.: Suhrkamp, 2004, p. 38.

22 William R. Freudenberg & Maria Allario, "Weapons of Mass Distraction: Magicianship, Misdirection, and the Dark Side of Legitimation," *Sociological Forum*, 22, 2007.

23 OECD, *Pensions at a Glance 2015: OECD and G20 indicators*, Paris: OECD Publishing, 2015, p. 171(http://dx.doi.org/10.1787/pension_glance-2015-en, 2016-10-5).

24 *Bild-Zeitung*, 2008-04-11.

25 박종훈, 『세대전쟁』, 차례대로 p. 117, 6, 170, 184, 177.

26 "2017년 2월 현재 40대 17.0%, 50대 16.4%, 60대 10.5%, 70대 이상 9.3%, 30대 14.5%, 20대 13.0%, 10대 10.5%……," 박정양, 「주민등록인구 5171만…40대 17%·50대 16.4%로 1, 2위」, 『뉴스1』, 2017-03-21.

27 권규호·오지윤, 「연령별 소비 성향의 변화와 거시경제적 시사점」, 『KDI 경제전망』, 2014년 상반기, p. 51.

28 같은 글, p. 54.

29 박종훈, 『세대전쟁』, p. 178. 아래 인용은 각각 pp. 184~85와 p. 181. 다음 단락의 인용은 p. 166. 그 이하의 인용도 같은 쪽이다.

30 김병규·오수진, 「문형표 "연금 고갈 빚 후대로 넘기면 '세대 간 도적질'"」, 『연합뉴스』, 2015-05-07.

31 유성열·이상훈, 「갈수록 캄캄한 청년 고용절벽」, 『동아일보』, 2015-05-14.
32 이재명·송찬욱, 「홍준표 "민노총-전교조 반드시 응징"」, 『동아일보』, 2017-04-10.
33 Christoph Butterwegge, "Sozialstaat, demografischer Wandel und Generationengerechtigkeit—Betrachtungen aus der Perspektive einer kritischen Politikwissenschaft," Harald Künemund & Marc Szydlik(eds.), *Generationen: Multidisziplinäre Perspektiven*, Wiesbaden: VS Verlag, 2009, p. 213.
34 이하늬, 「임금삭감이 세대 간 대타협? 청년실업은 핑계일 뿐」, 『미디어오늘』, 2015-07-20.
35 류웅재, 「불안한 시대의 불안한 언어들」, 『경향신문』, 2016-01-14.
36 Frank Nullmeier, "Soziale Gerechtigkeit: Ein politischer 'Kampfbegriff,'" *Aus Politik und Zeitgeschichte*, 47, 2009, p. 9.
37 전상진, 『음모론의 시대』, 문학과지성사, 2014, p. 200과 205.
38 Christopher Hood, *The blame game: Spin, bureaucracy, and self-preservation in government*, Princeton & Oxford: Princeton University Press, 2011, p. 24.
39 이용욱·조미덥, 「'노동 개혁으로 청년 표 확장' 여권의 총선 셈법」, 『경향신문』, 2015-08-07.

5장 시간의 고향—세대 정체성의 중요한 닻

1 리처드 세넷, 『신자유주의와 인간성의 파괴』, 조용 옮김, 문예출판사, 2002, p. 26.
2 하인츠 부데, 「맥락으로 보는 '세대'」, p. 46. 아래 인용은 p. 47.
3 Mark Roseman, "Introduction: generation conflict and German history 1770~1968," Mark Roseman(ed.), *Generations in conflict: Youth revolt and generation formation in Germany 1770~1968*, Cambridge University Press, 1995, p. 13.
4 오언 존스, 『차브—영국식 잉여 유발사건』, 이세영·안병률 옮김, 북인더갭, 2014, p. 247. 아래 인용은 p. 230.
5 Jonathan White, "Thinking generations," *The British journal of sociology*, 2013, p. 236. 아래 인용은 p. 235와 217.
6 Jennie Bristow, *Baby boomers and generational conflict*, Palgrave Macmillan, 2015, p. 184.

7 Jürgen Reulecke, "Einführung: Lebensgeschichten des 20. Jahrhunderts—im 'Generationencontainer?,'" Jürgen Reulecke(ed.), *Generationalität und Lebensgeschichte im 20. Jahrhundert*, München: Oldenbourg Verlag, 2003, p. VIII.

8 Ulrike Jureit, *Generationenforschung*, Göttingen: Vandenhoeck & Rupert, 2006, p. 86에서 재인용.

9 우석훈·박권일, 『88만 원 세대』, 레디앙, 2007.

10 김지윤, 「우석훈 '88만 원 세대' 절판 선언 "청춘이여, 정신 좀 차려라"」, 『헤럴드경제』, 2012-03-28.

11 Björn Bohnenkamp, *Doing Generation: Zur Inszenierung von generationeller Gemeinschaft in deutschsprachigen Schriftmedien*, Bielefeld: transcript, 2011, p. 270.

12 Ulrike Jureit, *Generationenforschung*, p. 86.

13 Björn Bohnenkamp, *Doing Generation: Zur Inszenierung von generationeller Gemeinschaft in deutschsprachigen Schriftmedien*, p. 272.

14 카스파 마제, 「다채로운, 그러나 평이한」, 울리케 유라이트·미하엘 빌트 엮음, 『세대란 무엇인가—카를 만하임 이후 세대담론의 주제들』, p. 320.

15 같은 글, p. 327.

16 박재흥, 『한국의 세대 문제—차이와 갈등을 넘어서』, 나남출판, 2005, pp. 11~12. 그에 대한 비판으로 이남석을 참조하라. 이남석, 「해제—운동론의 관점에서 본 세대론」, 카를 만하임, 『세대 문제』, 특히 pp. 131~33.

17 괴팅겐 대학의 심포지엄(일시는 미상)에서 베른트 바이스브로트가 한 발언이다. Eva-Maria Götz, "Eine Generationenfrage. Ein Symposium der Universität Göttingen erläutert die Entstehung und Bedeutung von Generationen," *Deutschlandfunk*, 2008-03-20.

18 June Edmunds & Bryan S. Turner, "Global generations: Social change in the twentieth century," *The British journal of sociology*, 56, 2005, p. 574.

19 Bernd Weisbrod, "Generation und Generationalität in der Neueren Geschichte," *Aus Politik und Zeitgeschichte*, 8, 2005, p. 9.

20 Eva-Maria Silies, *Liebe, Lust und Last: Die Pille als weibliche Generationserfahrung in der Bundesrepublik 1960~1980*, Göttingen: Wallstein, 2013, p. 428.

21 Bernd Weisbrod, "Generation und Generationalität in der Neueren Geschichte," p. 6.

22 Heinz Bude, *Das Altern einer Generation: Die Jahrgänge 1938 bis 1948*, Frankfurt

a.M.: Suhrkamp, 1995, p. 42. 아래 인용은 p. 41.

23 정용인, 「문재인 정부 실세 부상 '해방후 최초 진보세대' 386의 선택은」, 『경향신문』, 2017-05-27.

24 김회평, 『문화일보』, 2007-11-05(장신기, 『사람들은 왜 진보는 무능하고 보수는 유능하다고 생각하는가—보수화된 시민 32인을 심층 인터뷰하다』, 시대의창, 2016, p. 88에서 재인용).

25 하보 크노흐, 「감정공동체—현대에서 나타나는 이미지와 세대」, 울리케 유라이트·미하엘 빌트 엮음, 『세대란 무엇인가—카를 만하임 이후 세대담론의 주제들』, p. 413.

26 Björn Bohnenkamp, *Doing Generation: Zur Inszenierung von generationeller Gemeinschaft in deutschsprachigen Schriftmedien*, p. 285.

27 Volker Hage, "Volker Hage im Gespräch mit W. G. Sebald," *Akzente*, 50, 2003, p. 36.

28 하인츠 부데, 「맥락으로 보는 '세대'」, p. 44.

29 카를 만하임, 『세대 문제』, p. 68.

30 같은 곳. 번역을 약간 수정했다.

31 Christopher Bollas, *Being a character: Psychoanalysis and self experience*, London & New York: Routledge, 1993, p. 255. 아래 인용들은 p. 256, 259. 볼러스의 세대 대상을 주목하게 된 데는 울리케 유라이트의 덕이 크다. 다음 주를 참조하라.

32 Ulrike Jureit, *Generationenforschung*, p. 91. 아래 인용들은 pp. 91~92.

33 고사카 슈헤이·미시마 유키오·아쿠타 마사히코 등, 『미시마 유키오 對 동경대 전공투 1969~2000—연대를 구하여 고립을 두려워하지 않는다』, 김항 옮김, 새물결, 2006, p. 67.

34 하보 크노흐, 「감정공동체—현대에서 나타나는 이미지와 세대」, p. 438.

6장 세대 투쟁—시간의 실향민이라는 정치 세대의 등장

1 윤준호·김평화, 「3·1절 광화문, 왜 부모 세대는 태극기를 들었나」, 『머니투데이』, 2017-03-01.

2 이지호, 「'박근혜 촛불,' 누가 왜 참여했나」, 『2017 촛불 집회—누가 그리고 왜?』(자료집, 한국선거학회·현대정치연구소 주관, 2017년 4월 21일 서강대학교 개최), p. 7. 아래 표는 p. 8.

3 이현출, 「탈진실 시대의 대항집회—태극기 집회, 누가 왜 광장에 모였나?」; 장우영, 「태극기 집회 참가 특성—참가 방식과 강도」, 『촛불과 태극기의 정치』(현대정치연구 특별학술대회, 현대정치연구소·탈서구중심주의연구단 주최, 2017년 6월 30일 개최).

4 세르주 알리미, 「미국 인텔리겐차의 오판」, 『르몽드 디플로마티크』, 고광식 옮김, 2016년 12월호. 매끄럽지 못한 번역은 수정했다.

5 김동규, 「박근혜 '옹호 집회' 관찰기 "폴리스라인 밀어붙여"」, 『프레시안』, 2017-01-10.

6 Bertolt Brecht, *Werke. Große kommentierte Berliner und Frankfurter Ausgabe*, Bd. 22, Frankfurt a.M.: Suhrkamp, 1993, p. 45.

7 레온 페스팅거, 『인지부조화 이론』, 김창대 옮김, 나남, 2016, p. 223.

8 '촛불 집회를 조직의 작품'으로 보는 주장에 대한 분석과 평가는 다음 자료를 보라. 이지호·이현우·서복경, 『탄핵 광장의 안과 밖—촛불민심 경험분석』, 책담, 2017, pp. 105~12.

9 레온 페스팅거, 『인지부조화 이론』, p. 222.

10 같은 책, p. 289. 아래 인용은 p. 290과 303.

11 이창훈, 「새해 첫 보수단체 맞불 집회, 시민들 반응 냉담」, 『세계일보』, 2017-01-07.

12 울리케 유라이트·미하엘 빌트 엮음, 『세대란 무엇인가—카를 만하임 이후 세대담론의 주제들』, p. 26.

13 Silvia Bovenschen, "Die Generation der Achtundsechziger bewacht das Ereignis: Ein kritischer Rückblick," *Frankfurter Allgemeine Zeitung*, 1988-12-03〔Wolfgang Kraushaar(ed.), *Frankfurter Schule und Studentenbewegung. Von der Flaschenpost zum Molotowcocktail 1946~1995*, Bd. 3, München et al.: Zweitausendeins, 1998, p. 235와 237에서 재인용〕.

14 Pasqualina Perrig-Chiello, Francois Höpflinger & Christian Suter, *Generationen-Strukturen und Beziehungen: Generationenbericht Schweiz*, Zürich: Seismo, 2008, p. 260.

15 빈곤과 자살과 범죄 논의는 모두 다음을 참조했다. 조현연·김정석, 「고령화 사회, "노인빈곤" 문제와 한국 정치」, 『민주사회와정책연구』, 30, 2016, pp. 20~27.

16 통계청, 『한국의 사회동향 2014』, p. 343.

17 하어영, 「"대구가 투표율이 제일 낮을 거라 카대"」, 『한겨레21』, 제1158호.

18 김혜경·마경희, 「베이비부머 세대의 집단주의 가치관에 관한 연구—전기 베이비부머 여성을 중심으로」, 『사회과학연구』, 39, 2015, pp. 53~54.

19 김주현, 「연령주의와 사회적 전개」, 정순돌 외 9인 엮음, 『연령통합—새로운 사회구성의 원리』, 공동체, 2016, pp. 65~66.

20 성경륭, 「세대균열과 세대연대—정치 영역과 사회정책 영역에서의 차별적 작용에 관한 연구」, 『한국사회복지학』, 67, 2015, p. 11.

21 Bernd Weisbrod, "German generations: The anxiety of belonging in modern german history," Kirsten Gerland, Benjamin Möckel & Daniel Ristau(eds.), *Generation und Erwartung: Konstruktionen zwischen Vergangenheit und Zukunft*, Göttingen: Wallstein, p. 279.

22 황병주, 「유신체제의 대중인식과 동원 담론」, 『상허학보』, 32, 2011, p. 180; 김원, 『박정희 시대의 유령들—기억, 사건 그리고 정치』, 현실문화, 2011, p. 502. 바로 아래 인용은 pp. 502~503.

23 김원, 『박정희 시대의 유령들』, pp. 453~54. 아래 인용은 p. 454.

24 Malte Thießen, "Generation 'Feuersturm' oder Generation 'Lebensmittelkarte'? 'Generationen' als biographisches Argument und lebensgeschichtliche Erfahrung in Zeitzeugen-Interviews," Björn Bohnenkamp, Till Manning & Eva-Maria Silies(eds.), *Generation als Erzählung: Neue Perspektiven auf ein kulturelles Deutungsmuster*, p. 36.

25 Leonie Treber, *Mythos Trümmerfrauen: Von der Trümmerbeseitigung in der Kriegs- und Nachkriegszeit und der Entstehung eines deutschen Erinnerungsortes*, Essen: Klartext, 2014, pp. 27~29. 아래 인용은 pp. 387~89.

26 Malte Thießen, "Generation 'Feuersturm' oder Generation 'Lebensmittelkarte'?," p. 44. 아래 인용은 pp. 36~37.

27 김원, 『박정희 시대의 유령들』, p. 503.

28 권유리야, 「명령하는 아버지 응답하는 아들; 유아적 노년의 로컬 부산—영화 「국제시장」을 중심으로」, 『동북아문화연구』, 45, 2015, p. 95. 아래 인용은 p. 100.

29 박은하, 「국가라는 아버지를 가져보지 못한 세대—「국제시장」 리뷰」, 『슬로우뉴스』, 2015-01-06.

30 Malte Thießen, "Generation 'Feuersturm' oder Generation 'Lebensmittelkarte'?," p. 51.

31 남은주, 「'MB의 추억' 김재환 감독, '미스 프레지던트' 만든다」, 『한겨레신

문』, 2017-01-09.

32 김정우·박재현, 「김기춘 "박정희·박근혜와의 인연은 운명"」, 『한국일보』, 2017-01-16.

33 문광훈, 「전체주의 사회의 잔재」, 네이버 〈열린 연단: 문화의 안과 밖〉, 2015-10-28.

34 Thomas Assheuer, "Wahrheit ist die Krücke der Verlierer," *Die Zeit*, 41, 2016-09-29.

35 공신력 있는 FactCheck.org의 정보다. Robert Farley, "Bogus Meme Targets Trump," 2015-11-25.

36 Jeremy Diamond, "Trump: I could 'shoot somebody and I wouldn't lose voters,'" CNN, 2016-01-24.

37 Thomas Assheuer, "Wahrheit ist die Krücke der Verlierer."

38 세르주 알리미, 「미국 인텔리겐차의 오판」.

39 William L. F. Felstiner, Richard L. Abel & Austin Sarat, "The Emergence and Transformation of Disputes: Naming, Blaming, Claiming," *Law & Society Review*, 15, 1980.

40 전상진, 『음모론의 시대』, p. 136.

41 박기용, 「'도울 김용옥' 이름으로 탄핵 반대 카톡이 돌고 있다」, 『한겨레신문』, 2016-12-31; 이충진, 「트럼프가 탄핵 반대? 노인들 눈멀게 하는 '가짜뉴스'」, 『스포츠경향』, 2017-01-10; 유길용, 「노년층 카톡 타고… '세월호 침몰 전교조 기획설' 확산」, 『중앙일보』, 2017-01-11.

42 박재흥, 『세대 차이와 갈등—이론과 현실』, 경상대학교출판부, 2017, pp. 27~30.

43 박재흥, 「세대명칭과 세대갈등 담론에 대한 비판적 검토」, 『경제와사회』, 81, 2009, p. 30.

44 성경륭, 「이중균열구조의 등장과 투표기제의 변화」, 『한국사회학』, 49, 2015, p. 203.

45 장신기, 『사람들은 왜 진보는 무능하고 보수는 유능하다고 생각하는가』, p. 222.

46 강우진, 「박정희 신드롬과 한국의 민주주의—네 가지 쟁점을 중심으로」, 『한국과국제정치』, 29, 2013, p. 79. 이어지는 논의는 pp. 99~100.

47 Bernd Weisbrod, "German generations: The anxiety of belonging in modern german history," p. 274.

48 김정훈·한상익, 「신화의 붕괴, 그리고 희망의 정치?」, 『경제와사회』, 110, 2016, pp. 13~14.

49 장신기, 『사람들은 왜 진보는 무능하고 보수는 유능하다고 생각하는가』, 이 단락과 다음 단락의 장신기 인용은 pp. 206~11, p. 224.

50 서희정·이미나, 「트위터 투표 인증샷을 통해 본 젊은 세대의 투표 참여와 선거 문화」, 한국언론학회 심포지엄 및 세미나(2012. 6), p. 399.

51 김정인, 『역사 전쟁, 과거를 해석하는 싸움』, 책세상, 2016.

52 Jürgen Reulecke, "Einführung: Lebensgeschichten des 20. Jahrhunderts—im 'Generationencontainer?,'" p. VIII.

53 장신기, 『사람들은 왜 진보는 무능하고 보수는 유능하다고 생각하는가』, p. 224.

54 황병주, 「유신체제의 대중인식과 동원 담론」, p. 166. 아래 인용은 황병주, 「박정희와 근대적 출세 욕망」, 『역사비평』, 89, 2009, p. 276.

55 장신기, 『사람들은 왜 진보는 무능하고 보수는 유능하다고 생각하는가』, p. 222. 아래 인용은 p. 99.

56 William McCants, *The ISIS apocalypse: The history, strategy, and doomsday vision of the Islamic State*, New York: Palgrave Macmillan, 2015.

57 맞불 집회의 주요 일지는 다음을 참조했다. 이현출, 「탈진실 시대의 대항집회—태극기집회, 누가 왜 광장에 모였나?」, pp. 98~100.

58 이현출, 「탈진실 시대의 대항집회—태극기 집회, 누가 왜 광장에 모였나?」; 장우영, 「태극기 집회 참가 특성—참가 방식과 강도」. 그들은 3월 1일 열린 제15차 맞불 집회 참가자들을 설문 조사하고 심층 면접했다. 설문의 참여자는 810명, 심층 면접은 스무 사례였다.

59 Friedrich Krotz, "Gegenöffentlichkeit," Otfried Jarren, Ulrich Sarcinelli & Ulrich Saxer(eds.), *Politische Kommunikation in der demokratischen Gesellschaft: Ein Handbuch mit Lexikonteil*, Wiesbaden: Westdeutscher Verlag, 1998, p. 653.

60 이현출, 「탈진실 시대의 대항집회—태극기 집회, 누가 왜 광장에 모였나?」, p. 105. 아래 인용은 p. 104와 110.

61 『조선일보』 사설, 「美 인종 갈등 닮은 韓 세대 분열, 방치 안 된다」, 2017-05-05.

62 Karl Ulrich Mayer et al., "Gesellschaft, Politik und Altern," Paul B. Baltes, Jürgen Mittelstrass & Ursula M. Staudinger(eds.), *Alter und Altern: ein interdisziplinärer Studientext zur Gerontologie*, 5, Berlin: de Gruyter, 1994, pp.

731~32.

63 김효실, 「MBC가 삭제한 '사장 퇴진' 내부 성명을 공개합니다」, 『한겨레신문』, 2017-06-10.

7장 세대 프레임을 넘어서

1 성경륭, 「세대균열과 세대연대—정치 영역과 사회정책 영역에서의 차별적 작용에 관한 연구」, p. 7. 아래 인용들은 pp. 8~9와 p. 23, 14, 24, 25.

2 인구학주의, 인구학적 환원론, 또는 사회문제의 인구학화에 대한 연구들이 축적되는 중이다. 아마도 최초로 그에 대한 문화사회학적 문제 제기는 다음 연구일 것이다. Eva Barlösius, "Die Demographisierung des Gesellschaftlichen," Eva Barlösius & Daniela Schiek(eds.), *Demographisierung des Gesellschaftlichen: Analysen und Debatten zur demographischen Zukunft Deutschlands*, Opladen: VS Verlag, 2007.

3 장신기, 『진보 오리엔탈리즘을 넘어서—반노무현주의, 탈호남 그리고 김대중, 노무현의 부활』, 시대의창, 2017, p. 92. 아래 인용은 p. 97.

4 Martin Kohli, "Generations in aging societies: Inequalities, cleavages, conflicts," pp. 275~79.

5 Erhard Eppler, "Sprache und politische Moral," Armin Burkhardt & Kornelia Pape(eds.), *Politik, Sprache und Glaubwürdigkeit: Linguistik des politischen Skandals*, Wiesbaden: Westdeutscher Verlag, 2003, p. 14.

6 Christoph Conrad, "Die Sprachen des Wohlfahrtsstaates," Stephan Lessenich (ed.), *Wohlfahrtsstaatliche Grundbegriffe: Historische und aktuelle Diskurse*, Frankfurt a.M.: Campus Verlag, 2003, p. 68.

7 Ohad Parmes, Ulrike Vedder & Stefan Willer, *Das Konzept der Generation: Eine Wissenschafts-und Kulturgeschichte*, Frankfurt a.M.: Suhrkamp, 2008, p. 20.

8 Robert Wohl, *The generation of 1914*, p. 294의 주 48.

9 Achim Goerres & Guido Tiemann, "Kinder an die Macht? Die politischen konsequenzen des stellvertretenden elternwahlrechts," *Politische Vierteljahresschrift*, 50, 2009, pp. 53~54. 아래 인용은 p. 58.

10 벨 훅스, 『행복한 페미니즘』, 박정애 옮김, 큰나, 2002, p. 45.

11 Christoph Butterwegge, "Stirbt 'das deutsche Volk' aus? Wie die politische Mitte im Demografie-Diskurs nach rechts rückt," *Themen der Rechten—Themen der*

Mitte. Zuwanderung, demografischer wandel und Nationalbewusstsein, Opladen: VS Verlag, 2002, p. 210.

12 박선영·박재현, 「'징벌적 싱글세' 없지만… 복지도 없었다」, 『한국일보』, 2017-02-25. 이 기사는 다음의 논문을 정리한 것이다. 이윤주·이영한, 「가구 유형에 따른 소득세 세부담율 차이 분석」, 『한국세무학회 추계학술대회 자료집』, 2016.

13 Svetlana Boym, *The future of nostalgia*, New York: Basic Books, 2002, p. 41. 표현은 김보덕(「박정희 시기 재현 영화가 드러내는 향수의 욕망」, 『문화연구』, 1, 2012, p. 121)을 따랐다.

14 김수영, 「현대식 교량」, 『김수영 전집』(1권 시편, 2판), 민음사, 2016〔1964〕, pp. 296~97.